복음이 울다

Something
Needs to
Change

날도록 만들어진 것이 날지 못하는 이유는 단순합니다. 무거워진 것입니다. 너무 많은 것들로 채워진 탓입니다. 이 시대 교회가 그렇습니다. 저자는 복음을 안고 세상을 걸었습니다. 걷다가 울었습니다. 복음이 울었습니다. 본질을 잃어버린 교회 때문에 울었습니다. 저자는 소리칩니다. "당장 변해야 합니다!" 불붙은 집에서 할 일은 단 한 가지, 당장 사람을 업고 나오는 일이기 때문입니다.

조정민
베이직교회 담임목사

고통의 문제는 답하기 어려운 주제입니다. 그럼에도 불구하고 우리는 욥의 친구들과 같은 자리에 설 때가 많습니다. 《복음이 울다》는 쉽고 명료한 답 대신에 더 큰 고민과 생각할 거리를 우리에게 안겨 줍니다. 그리고 마침내 고통의 현장으로 우리를 보내시는 하나님의 손길을 마주하게 만듭니다.

송태근
삼일교회 담임목사

솔직히 충격입니다. 이 책을 읽는 내내 이렇게 책을 쓸 수 있음에 놀랐고, 또 엄청난 도전을 받았습니다. 실제로 삶이 바뀌어야 한다는 압박을 받지 않는 사람은 없을 것입니다. 그러나 무엇이 바뀌어야 하는지는 언제나 애매합니다. 그것은 진리를 모르기 때문일 수 있고 순종할 용기가 없기 때문일 수도 있습니다. 이 책은 읽는 사람의 삶을 근본부터 바꿀 수 있는 두려운 책입니다. 물론 그런 책은 성경일 것입니다. 이 책은 바로 그 성경대로 살자고 도전하는 책입니다. 진정 주님과 동행하는 사람은 삶이 변화되지 않을 수 없습니다. 주님은 제게도 데이비드 플랫에게 주신 도전을 계속 주시고 계십니다. 그래서 그의 글과 결단과 순종에 경의를 표합니다.

유기성
선한목자교회 담임목사

'이토록 망가진 세상 속에서 복음으로 산다는 것'이 무엇인지 고민하고 분투하는 저자의 고뇌가 마음에 와닿습니다. 자신의 내면을 솔직하게 보여 주는 저자의 마음 중심이 귀하게 다가오는 것은 혼미한 이 시대를 사는 우리 모두의 마음이 동일하기 때문일 것입니다. 고통하는 현실에 발 딛고 사는 우리이기에, 이 책을 통해 우리 모두가 우는 세상을 위해 함께 가슴으로 통곡할 줄 아는 그리스도인이 되기를 기도합니다. 우리의 삶이 그들의 영과 육을 살리는 공교한 전술이 되기를 기도합니다.

이찬수
분당우리교회 담임목사

저자는 히말라야 트레킹을 하면서 만난 주변 세상의 아픔과 고통, 질병과 기아, 인신매매와 가난 등을 적나라하게 보여 주며, 이웃의 고통에 가슴을 찢으며 울어 본 적이 언제인지 성도인 우리에게 반문합니다. 또한 많은 것들을 소유한 자로서 타협과 안주에 익숙해진 우리에게 단호하고 진정성 있게 삶에 필요한 변화를 취하라고 도전합니다. 야성을 잃어가고 복음이 가진 파격성과 급진성을 상실해 가는 조국 교회를 향해 사랑이 만드는 날 것 그대로의 용감한 삶으로의 변화를 촉구하는 책입니다. 우리 모두 그렇게 변화하여 이 땅에 부흥과 회복의 복된 날을 속히 주시기를 기대하는 마음으로 적극 추천합니다.

화종부
남서울교회 담임목사

하나님은 이 책을 통해 저를 비롯한 모든 그리스도인들을 향해 강하게 말씀하십니다. 믿음과 신앙에 대해 말만 하는 것에서 벗어나 행동하는 크리스천이 되라고! 많은 그리스도인들이 이 책을 읽고 자신의 삶에서 바꾸어야 할 부분이 어디인지 분별하며 하나님의 부르심에 응답하기를 바랍니다.

김병삼
만나교회 담임목사

《래디컬》을 통해 이 시대를 향한 긴박한 외침을 전해 들은 지 어느덧 8년이 훌쩍 넘었습니다. 큰 울림을 주었던 데이비드 플랫의 메시지에 지금 우리는 어떤 모양으로 응답하고 있습니까? 저자는 자신의 행보에 큰 전환점이 된 히말라야 트레킹 이야기를 통해, 복음을 만나고도 여전히 세상의 화려함과 성공을 따라 움직이는 신앙인들의 굳은 마음을 다시 한 번 두드립니다. '우리는 이대로 괜찮은가? 정말 예수가 우리의 소망이신가? 우리는 눈감아야 할 것에 눈감고 눈떠야 할 것에 눈떴는가?' 이 책이 던지는 이 중대한 질문 앞에 우리는 도망치지 않고 답해야 할 것입니다. 말로 다 못 할 현실의 민낯을 바라보시며 흘리시는 예수님의 눈물이 오늘 우리 심령에도 회복되기를 간절히 기도하며 일독을 권합니다.

이재훈
온누리교회 담임목사

단호하고 진정성 있고 용감하고 날 것 그대로인 탁월한 책이다. 이런 책은 세상 어디에도 없다. 데이비드 플랫의 책을 집어 들 때면 항상 기대감과 더불어 큰 두려움이 밀려든다. 온갖 타협을 일삼고 그저 지금의 삶에 안주하는 내 실상이 훤히 드러날 줄 알기 때문이다. 이 책은 내 기대를 훌쩍 뛰어넘었다. 그래서 감사하다. 당신도 분명 나처럼 고마워할 것이다. 저자의 말처럼 이제 걷지 말고 달려야 할 때다. 자, 출발.

J. D. 그리어
미국 남침례회 회장

이 책을 전심으로 추천한다. 하나님이 이 책을 통해 내게 말씀하셨다. 이 말은 내가 책에 대해 할 수 있는 최고의 찬사다.

랜디 알콘
EPM(Eternal Perspective Ministries) 설립자

이 책을 읽으면 데이비드 플랫처럼 바닥에 엎드려 울게 하시는 예수님을 만나는 뜻밖의 경험을 할 것이다. 지독한 고통을 겪는 사람들을 곁에서 실제로 보고 나면 우리 안에서 무언가가 변한다. 궁극적으로는 당신의 연민이 행동으로 변하기를 기도한다.

산티아고 지미 메야도
컴패션 인터내셔널 총재

매혹적이고 충격적이다. 이 책은 지독하게 궁핍하고 영적으로 억압된 땅을 통과하는 육체적으로도 영적으로도 너무나 가슴 아픈 여행이다. 동시에 이 책은 그리스도의 빛으로 현재의 어둠을 뚫으라는 아름답고도 소망 가득한 초대를 담은 메시지다. 이 책이 당신의 믿음을 다시 깨우고 당신을 그리스도의 부르심으로 다시 정렬시키며 하나님의 구속사에서 당신의 역할이 얼마나 중요하고 귀한지 다시금 일깨워 줄 것이다.

루이 기글리오
패션시티교회 목사

이 시대에 딱 필요한 내용이다. 나는 저자가 묘사한 것과 같은 가슴 아픈 상황들을 직접 목격했다. 이런 고통을 다루기 위해 '우리가 바뀌어야 한다'는 그의 말에 전적으로 동감한다. 우리 안에서 이루어지는 성령의 변화시키는 역사에 온전히 순종함으로 예수님을 닮아 갈 때만이 하나님이 주변 세상에서 행하시는 변화의 역사에 동참할 수 있다. 나는 내 안에서, 그리고 나를 통해 이루어지는 그리스도의 역사에 나를 맡길 때 얻는 기쁨이 얼마나 큰지를 너무도 잘 안다. 이 책을 읽고 이 여행에 동참하며 하나님이 당신 안에서 행하시려는 변화에 당신 자신을 열라.

에드거 산도발 시니어
미국 월드비전 총재

SOMETHING NEEDS TO CHANGE

복음이 울다

지은이 | 데이비드 플랫
옮긴이 | 정성묵
초판 발행 | 2019. 10. 16.
21쇄 발행 | 2025. 3. 28.
등록번호 | 제1988-000080호
등록된 곳 | 서울특별시 용산구 서빙고로65길 38
발행처 | 사단법인 두란노서원
영업부 | 02)2078-3333 FAX | 080-749-3705
출판부 | 02)2078-3330

책값은 뒤표지에 있습니다.
ISBN 978-89-531-3610-6 03230

독자의 의견을 기다립니다.
tpress@duranno.com www.duranno.com

두란노서원은 바울 사도가 3차 전도 여행 때 에베소에서 성령 받은 제자들을 따로 세워 하나님의 말씀으로 양육
하던 장소입니다. 사도행전 19장 8-20절의 정신에 따라 첫째 목회자를 돕는 사역과 평신도를 훈련시키는 사역,
둘째 세계선교TM와 문서선교단행본·잡지 사역, 셋째 예수문화 및 경배와 찬양 사역, 그리고 가정·상담 사역 등을 감
당하고 있습니다. 1980년 12월 22일에 창립된 두란노서원은 주님 오실 때까지 이 사역들을 계속할 것입니다.

Something
Needs to Change

복음이
울다

데이비드 플랫 지음

정성묵 옮김

애런과

그의 모든 동역자들에게

이 책을 바친다.

차
례

함께 우는 능력을
잊은 기독교

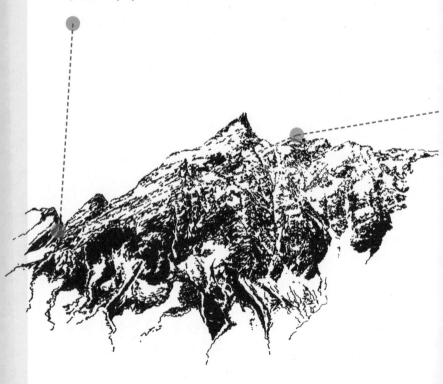

히말라야(Himalayas) 산기슭에 있는 한 게스트하우스에서 무릎을 꿇고 앉아 이마를 바닥에 대고는 한참을 울었다. 북받쳐 오르는 울음을 도저히 주체할 수가 없었다. 주변에는 한 주간 내가 지내 온 흔적들이 어지럽게 흩어져 있었다. 배낭, 등산 스틱, 등산화. 나는 세상에서 가장 높은 산들에 도전했던 일주일간의 트레킹을 막 마친 상태였다. 집으로 돌아가는 비행기 시간이 불과 몇 시간밖에 남지 않았다. 눈물이 뒤범벅된 얼굴로 이번 여행을 마칠 줄은 미처 예상치 못했다.

어른이 되고 이날까지 내가 눈물을 보인 날은 한 손으

로 꼽을 정도였다. 마지막으로 울었던 때는 아버지가 급성 심장마비로 느닷없이 세상을 떠나셨다는 전화를 받은 순간 이었다. 하지만 아시아의 한 게스트하우스에서 터져 나온 눈물은 지금껏 흘린 눈물과는 달랐다. 그 순간에는 '내'가 누군가 혹은 무언가를 잃어서 울었던 것이 아니다. 다른 사람들, 내가 그 한 주 동안 만난 사람들이 잃어버린 것들 때문에 흐르는 눈물이었다. 물과 식량, 가족, 자유와 희망을 상실한 사람들. 그들이 잃어버린 것들을 되찾아 주고 싶은 마음은 간절했지만 내겐 그럴 힘이 없었다. 그래서 그저 바닥에 주저앉아 통곡할 뿐이었다. 그렇게 한번 쏟아져 나온 눈물은 좀처럼 멈출 줄을 몰랐다.

우리에게
필요한 것

게스트하우스에서의 그날을 돌아보면서 내가 다른 사람들을 위해 우는 일에 왜 그토록 인색했는지 생각해 보았다. 매주 전 세계의 신음하는 사람들에 관해서 이야기하고 또 들었던 그 수많은 예배들, 어려운 사람들을 도와야 한다고 목소리를 높였던 내가 한 수많은 설교들, 그리고 그리스도와 주변 세상을 향한 사랑으로 자신의 목숨을 내놓으라고 썼던 《래디컬》(*Radical*, 두란노 역간) 같은 책들……. 그런데도 그동안 나는 다른 사람들이 당하는 고통에 함께 가슴 아파하면서 하나님 앞에 엎드려 통곡하며 간구하는 일에 왜 그토록 인색했을까?

비단 나뿐만이 아니다. 지난 수많은 예배들을 돌아보면 나와 우리 교인들이 식수나 식량이 절대적으로 모자란 사람들, 소중한 가족과 희망을 잃어버린 사람들을 위해 함께 눈물을 흘렸던 순간은 거의 기억나지 않는다. 우리 그리스도인들은 왜 그토록 다른 사람들의 고통을 보며 가슴 아파 우는 일에 인색한 것일까?

혹시 우리가 우는 능력을 잃어버린 것은 아닐까? 영적, 육체적 고통이 가득한 세상에서 들려오는 하나님의 말씀에 우리도 모르는 사이 우리의 귀를 닫아 버린 것은 아닐까? 믿음을 머리로만 '알려고' 애쓰고 마음으로 '느끼는' 법은 잊어버린 것은 아닐까? 그렇지 않고서는 우리가 예수님이 세상의 소망이라고 찬양하고 설교하면서 이 소망을 얻지 못한 이들을 위해 엎드려 통곡하고, 나아가 이들에게 희망을 전하기 위해 좀처럼 발 벗고 나서지 않는 이 현상을 달리 설명할 길이 없다.

왜 오늘날 우리는 예수님의 도에서 한참 벗어나 있는 것처럼 보일까? 예수님은 어려운 사람들을 생각하며 우셨다. 예수님은 무리를 불쌍히 여기셨다. 예수님은 망가진 사람들을 치유하고 위로하셨다. 예수님은 세상 죄에서 우리를 구원하시려 목숨을 기꺼이 내놓으셨다. 그런데 그분의 영을 품은 우리의 마음과 손발이 그분처럼 움직이지 않는 것은 무슨 연유일까?

예수님의 복음이 세상 속으로 퍼져 나가지 못하고 교회 안에만 머무는 것은 하나님의 뜻이 아니다. 예수님의 복음이 교인들의 머리와 입에만 머물고 우리의 감정과 행동에까지 영향을 미치지 못하는 것은 하나님의 뜻이 아니다.

무언가 바뀌어야만 한다.

하지만 어떻게? 내가 그 게스트하우스 바닥에 엎드려 흐느꼈던 것은 이 세상에서 일어나는 새로운 고통에 관한 사실을 들었기 때문도 아니요, 성경에서 고통에 관한 새로운 발견을 했기 때문도 아니었다. 사실 나는 아시아로 가는 기나긴 비행 중에 이미 가난과 억압에 허덕이는 이들에 관한 충격적인 수치들을 전면에 내세운 설교 한 편을 완성했다. 그런데 그 설교를 쓰는 내내 내 감정은 조금도 움직이지 않았다. 나는 철저히 냉정한 상태였다. 가난에 관한 처절한 통계를 보고 나서 성경을 연구하면서도 나는 조금도 가슴 아파하지 않았다. 하지만 나중에 영적으로 육체적으로 신음하는 사람들과 아이들의 얼굴을 내 두 눈으로 직접 마주하고 나니 마음이 속절없이 무너져 내렸다. 그리고 울음이 터져 나왔다.

더 많은 수치를 보거나 더 많은 설교를 듣는 것으로는 (물론, 더 많은 설교를 해도) 우리에게 필요한 변화가 나타나지 않는다. 우리에게 진정으로 필요한 것은 말씀과 세상에 관한 더 많은 정보를 머리에 채우는 일이 아니다. 우리에게는 '세상 속에서' 말씀을 경험하여 그 말씀이 우리 가슴 깊은 곳까지 파고드는 일이 진정으로 필요하다. 우리는 세상 구석구석, 우리 주변 사람들이 겪는 극심한 고통을 두 눈으로 똑똑히 보아야 한다. 그리고 나서 우리의 힘으로 만들어 내거나 조작해 낼 수 없는 영혼 깊은 곳의 변화를 일으켜 달라고 기도해야 한다.

이것이 이 책으로 드리는 나의 기도다.

부디 마음의 빗장을
풀기를

이 책에서 나는 이전과 다른 접근법을 취했다. 나는 주로
강해와 설명으로 요점을 전달하는 데 익숙한 설교자다. 하
지만 방금 전에 말했듯이 지금 우리에게 필요한 건 더 많은
강해와 설명이 아니다. 우리에게는 경험이 필요하다. 머리
로 이해한 진리가 가슴 깊은 곳까지 내려오려면 실질적인
만남이 필요하다.

　　그래서 이 책에서 나는 잠시 설교자의 옷을 벗고 아시
아에서 가장 높은 산들을 오르는 트레킹으로 당신을 초대
하고 싶다. 내가 먹은 것을 먹고 내가 마신 것을 마시고 내
가 본 얼굴들을 보고 내가 만진 사람들을 만지면서 내가 느
낀 감정을 생생하게 느껴 보기를 바란다. 그러고 나서 이
히말라야 트레킹 경험을 우리 일상으로 옮길 방법을 함께
고민해 보자. 복음이 우리 머리에서 우리 가슴까지 내려와
우리의 삶, 가족, 교회가 철저히 변한다면 어떤 일이 벌어
질지 함께 상상해 보자.

　　내 트레킹을 이 책의 배경으로 사용하는 것은 내게나 당
신에게나 큰 모험이다. 나로서는 평소 설교하던 안전한 연

단, 평소 글을 쓰던 안전한 책상 앞에서 벗어나 내가 믿고 설교하는 진리에 관한 내 의문과 혼란을 털어놓는 일이 보통 큰 모험이 아니다. 당신을 이 트레킹에 초대하여 내 안의 생각을 솔직히 털어놓고 싶다. 내가 설교하고 믿는 진리에 관한 내면 깊은 곳의 의문들을 조금도 숨기고 싶지 않다.

예를 들어, 복음이 정말로 사실이고 하나님이 정말로 선하시다면 극심한 가난과 고통의 한복판에서 하나님의 진리와 선하심은 어디에 있는가? 압제와 착취를 당하는 이들을 위한 하나님의 평강과 보호하심은 어디에 있는가?

내세는 또 어떤가? 선한 하나님이 다스리시는 우주에 정말로 끔찍한 지옥이 존재하고, 또 그 지옥에서의 형벌이 영원토록 이어지는가? 지옥이 정말로 존재하고, 지옥 형벌이 정말로 끝이 없다면 왜 그토록 많은 사람이 지옥 같은 이 땅에 태어나서 죽도록 고생만 하다가 죽어서는 아예 영원한 지옥으로 가는가? 복음을 들을 기회조차 얻지 못한 탓에 예수님을 믿을 수 없는 수많은 이들이 정말로 지옥에 가는가?

성경의 진리와 신뢰성을 믿어 의심치 않는 나 같은 목사도 이런 질문과 씨름한다는 사실이 전혀 뜻밖인가? 하지만 사실이다. 한편, 여느 주일 아침 편안한 건물 안의 강대상 뒤에서 이런 질문을 던지는 것과 쉽게 나을 수 있는 흔한 병인데도 단순히 약이 없어서 사랑하는 아내와 아이를 순식간에 떠나보낸 남자와 나란히 산허리에 서서 이런 질문을 던지는 건 차원이 전혀 다르다. 혹은 인신매매를 당해 열 살부터 원하지 않는 성관계를 강요당하는 노예로 살아온 열두 살 소녀의 두 눈을 보며 이런 질문을 던진다고 상상해 보라. 혹은 평생 예수님 이야기를 들어 보지 못한 채 생을 마감한 사람의 장례식을 보며 이런 질문을 던진다면?

신학 학위를 세 개나 소유한 목사이자 저자가 주변 세상의 어둠으로 인해 가장 깊은 확신이 송두리째 흔들려 "정말로 예수님이 세상의 소망이신가?"라고 물었다고? 이 사실을 고백하는 건 보통 큰 모험이 아니다.

당신도 위험을 감수해야 한다. 물론 내가 이 책을 쓴 덕분에 당신은 많은 위험을 피할 수 있다. 예를 들어 당신은 헬리콥터를 타고 세상에서 가장 외진 곳으로 날아갈 필요가 없다. 모든 통신이 단절된 그곳에서 자칫 사고라도 당하면 구조대가 올 때까지 최소한 며칠은 기다려야 한다. 한발만 삐끗해도 천길 아래로 떨어지는 구름다리를 건너지 않아도 된다. 고산병이나 아메바성 이질, 여행자 설사, 원포자충 감염, 지아르디아증, 말라리아, 간염에 걸릴까 겁을 먹지 않아도 된다. 이 정도면 무슨 말인지 이해했으리라 믿는다. 내 덕분에 당신은 이 모든 위험을 직접 만나지 않아도 된다.

다만 이 트레킹에서 어느 정도 감수해야 할 위험이 있다. 일주일간의 트레킹으로 내 인생에 어떤 일이 일어날지 나는 짐작조차 못했다. 당신 역시 당신의 인생이나 가족, 교회, 미래를 바라보는 시각이 완전히 변할 수 있음을 미리 염두에 두고 이 트레킹에 동참하기를 바란다. 어쩌면 나처럼 바닥에 엎드려 펑펑 울 수도 있다.

그래도 부디 당신 마음에 굳게 걸린 빗장을 풀기를 바란다. 하나님이 당신의 인생에서 그리고 당신의 인생을 통해 행하시려는 새로운 일을 향해 자신을 온전히 열어젖히기를 바란다.

자, 이 여행에 동참하기를 원한다면 이번 페이지를 넘겨도 좋다.

무언가 바뀌어야만 한다.

이 지구상 어떤 나라, 어떤 지역들에서는 예수님을 따르는 길이 목숨을 내건 위험천만한 일이다. 이 책은 복음을 반기지 않는 히말라야의 트레킹 중에 보고 들은 사건들을 기술한 책이다. 이 책에 실린 모든 내용은 사실이지만, 관련된 사람들의 안전을 생각해서 중요한 인물들의 이름과 장소, 시간, 세부적인 내용은 바꾸었다.

어쩌다
히말라야로
떠나게 되었나

히말라야에 잠깐만 다녀오려고 해도 만반의 준비를 해야 한다. 내가 소규모 인원으로 꾸린 팀은 (비행기 탄 경우를 제외하고) 한 번도 경험해 보지 못한 높이까지 트레킹을 할 계획이었기 때문에 더더욱 철저히 준비를 해야 했다. 히말라야 산맥에는 해발 7,000미터가 넘는 산이 백 개가 넘는다. 히말라야산맥은 네팔과 인도, 부탄, 중국, 파키스탄 이렇게 5개국에 걸쳐 있고, 티베트까지 치면 6개국이나 된다.

트레킹은 육체적으로 고될 것이 불을 보듯 뻔했다. 그래서 크로스핏(Crossfit)을 시작하고 매일 아침 러닝머신을 타고 근방에서 가장 높은 산을 오르면서 나름대로 지옥 훈련을 했다. 하지만 안타깝게도 그 산의 높이는 기껏해야 해발 300미터밖에 되질 않는다. 히말라야산맥에 비하면 언덕이라고 부르기에도 민망한 높이다.

히말라야 트레킹을 위해서는 체계적인 체력 훈련도 필수거니와 짐을 꾸리는 일도 전략적이어야 한다. 우리 팀원들은 모두 셰르파나 야크의 도움 없이 각자 장비를 지고 올라가야 했다. 그래서 우리의 목표는 모든 옷가지를 비롯한 잡다한 장비가 10킬로그램을 넘지 않도록 최대한 가지치기를 하는 것이었다. 최고도에서는 빙점보다 한참 낮은 기온에서 잠을 자야 하기 때문에 영하 10도에서도 따뜻하게 잠을 청할 수 있는 솜털 침낭도 챙겨야 했다. 아울러 배낭에는 다음과 같은 것들이 들어갔다.

☐ 갈아입을 옷들

☐ 작은 수건과
   최소한의 세면도구들

☐ 주간 트레킹 때 쓸 모자,
   자외선 차단 크림, 선글라스

☐ 야간 트레킹 때 사용할
   헤드램프

☐ 정수물통

☐ 간식 (산에는 자판기가 없으니까)

☐ 성경책과 일기장

히말라야산맥 트레킹의 발단은 내 좋은 친구 애런(Aaron)과
의 만남이었다. 처음 애런을 만난 건 그가 우리 교회에 방
문했을 때였다. 찬양 예배 후에 그는 내게 인사를 하며 아
시아에서 산다고 말했다. 하지만 그것으로 끝이었다. 그
뒤로 2년 넘게 그의 얼굴을 다시 볼 수 없었다.

그 2년 사이에 하나님은 우리 부부에게 애런이 사는 국
가에서 한 아이를 입양할 마음을 주셨다. 성 노예로 착취당
하는 어린 소녀들을 비롯해 그곳 아이들이 처한 참담한 현
실을 수없이 듣던 우리는 그중 한 명을 우리 가족으로 데려
오기로 결심했다.

입양 과정을 시작한 뒤로 우리 부부는 밤마다 어린 두
아들과 둘러앉아 아이들의 여동생이 될 아이를 위해 기도
했다. 모든 과정이 순조롭게 진행되었고 어느새 우리 가정
으로 데리고 올 한 아이를 정하는 단계까지 이르렀다. 그런
데 느닷없이 이 국가가 외국인들에게 입양의 문을 닫아 버
렸다. 우리 부부는 망연자실했다.

그해 크리스마스는 슬프기 짝이 없었다. 나는 그 아이

를 가족으로 얻기 위한 우리 부부의 간절한 바람과 그간의 우여곡절을 구구절절 담아낸 시 한 편을 썼다. 나는 끝내 얼굴 한 번 보지 못한 그 아이의 목소리를 빌려 이 시를 마무리했다.

딸이 될지도 모르는 저를 위해 희망을 버리지 말고
하나님께 간구해 주세요.
두 분이 저의 부모님이 되시든 안 되시든
온 가족이 저를 위한 기도를 멈추지 않겠다고
약속해 주세요.

그 나라는 계속해서 입양의 문을 열지 않았지만 아내와 나는 하나님이 특별한 목적이 있어서 우리에게 그런 마음을 주셨다고 확신했다. 그래서 어느 날 예배를 마친 뒤 애런이 두 번째로 나를 찾아왔을 때 다음 날 아침 내 사무실로 좀 찾아와 달라고 부탁했다. 이튿날 애런은 자기 나라의 아이들이 실로 처참한 환경에서 살고 있고, 상상도 할 수 없을 만큼 많은 소녀들이 성 노예로 비참한 삶을 산다고 말했다. 이야기 끝에 애런은 자신과 함께 트레킹을 하자며 불쑥 제안했고 나는 주저 없이 그 제안을 받아들였다.

여행의

동반자들

복음을 전하기 위해 세계 곳곳을 누비는 건 좋지만 작별은 언제나 싫다. 해외를 많이 돌아다녔고 위험 지역에도 적잖이 가 봤지만 만에 하나 어떤 일이 있을지 몰라 아내와 아이들에게 편지를 쓰기로 했다. 이런 편지를 쓰는 시간이 달갑지는 않지만, 가족들을 얼마나 사랑하는지 새삼 깨닫는 소중한 시간이 되기도 한다.

이번 여행에서는 두 사람이 동행을 해 전에 없이 든든했다. 한 명은 죽마고우 크리스(Chris)다. 교회를 섬기고 고통에 신음하는 지역에 복음을 전하는 일에 혼신의 힘을 쏟는 국제적인 사역 단체 '래디컬'(Radical)[1]에서 동역하고 있다.

두 번째 트레킹 동무는 그때 처음 만난 사람이었다. 시그스(Sigs)라는 별명으로 통하는 친구인데, 우리의 여행을 사진과 영상으로 담는 역할을 맡았다. 그를 만나자마자 질문하는 재주가 남다른 친구라는 걸 느낄 수 있었다. 그가 던지는 질문마다 나를 진지한 고민으로 이끌어 가는 힘이 있었다. 한편, 그는 개인적인 물건 외에도 카메라 장비와 적잖은 여분 배터리까지 배낭에 잔뜩 넣고 다녀야 했다. 히말라야 오지에서 장비를 충전할 콘센트를 찾는 건 아주 어려운 일이니 말이다.

복음?
좋은 소식?

비행기가 시차가 점점 더 커지는 지역으로 이동하는 동안 나는 잠을 청했다. 한참 뒤척이던 나는 결국 일어나서 성경책을 읽으면서 일기장에 몇 줄을 끼적였다. 문득 아내와 아이들이 그리웠다. 내가 멀리 떠나 있는 동안 아내와 아이들을 특별히 더 안전하게 보살펴 주시기를 조용히 기도했다.

옆자리에 앉은 사람과 흥미로운 대화도 나누었다. 찰스 (Charles)라는 콩고(Congo) 사람이었는데, 시각장애인이었다. 내 이야기를 조금 하자 그도 자신의 이야기를 풀어놓았다. 그가 눈이 먼 것은 눈 수술이 실패한 탓이라고 했다. 둘 사이에 서먹함이 좀 사라지자 나는 내 여행의 목적을 말하고서 복음을 전할 틈을 모색했다.

예수님의 제자라는 내 얘기에 찰스의 낯빛이 변했다. 그는 유럽에서 온 선교사들이 동포들에게 큰 해를 끼쳤다고 말했다. 그들이 그리스도의 이름으로 자신의 고향에서 흉악한 짓을 저질렀다고 했다. 안타깝게도 그로 인해 예수 님을 바라보는 그의 시각은 심각하게 왜곡되어 있었다.

'좋은 소식'(복음)에 관한 그의 경험이 전혀 좋지 않았다는 말을 듣고 내 가슴이 찢어졌다. 복음을 잘못 보여 주면 사람들이 오히려 하나님에게서 더 멀어지고 만다. 진짜 예수님은 그를 괴롭힌 그 사람들과 전혀 다르다는 점을 설득시키려고 무진 애를 써 봤지만 소용이 없었다. 나중에 나는 절대 예수님을 잘못 보여 주지 말아야겠다고 다짐하면서 일기장에 다음과 같이 썼다.

하나님,
저는 절대 그러고 싶지 않습니다.
저는 주님을 정확히 보여 주고 싶습니다.
제가 그렇게 하여 사람들이 주님에게서 멀어지지 않고
주님께로 다가가도록 저를 도와주십시오.

DAY 1
지구 반 바퀴를 돌아
낯선 도시에 떨어지다

첫인상

좁은 비행기 좌석 안에 서른 시간을 갇혀 있으면 버텨 낼 장사가 없다. 우리가 그날 유럽에서 아시아로 향하는 마지막 비행기에서 휘청거리며 내린 때는 밤늦은 시각이었다.

터미널로 천천히 이동하는 비행기 안에서 크리스가 턱이 빠지도록 하품을 하며 말했다.

"발 뻗고 한숨 푹 자면 바랄 게 없겠네요."

"그러게 말이에요."

나는 맞장구를 치고 나서 통로 건너편에 앉은 시그스를 쳐다보았다. 시그스는 가방을 닫고 의자를 세우더니 이내 다시 잠들었다. 그렇다. 우리 모두는 무척 피곤했다.

모두 가방을 챙겨 이동식 승강용 통로에서 빠져나오는

순간, 낯선 광경과 냄새, 소리가 우리의 오감을 폭격했다. 사방에서 다른 언어가 날아왔다. 여성들은 하나같이 형형색색의 긴 옷에다 두건을 뒤집어쓰고 있었다. 길고 헐렁한 더블 셔츠와 그에 어울리는 바지를 걸친 남자들도 보였다. 공항 식당에서 흘러나오는 향신료 냄새가 코를 찔렀다. 피곤에 무뎌진 감각으로도 우리가 외국에 있다는 사실을 분명히 실감할 수 있었다.

무엇을 해야 할지 어디로 가야 할지 정신이 하나도 없었다. 공항 표지들은 외국어로 쓰여 있거나 때로는 엉터리 영어로 번역되어서 도무지 알 수가 없었다. 잘 모를 때는 무리를 따라가는 것이 답이다. 그래서 우리는 짐을 들고 다른 승객들을 따라 세관으로 향했다.

끙끙대며 세관에 도착하니 거의 움직이지 않는 기나긴 줄이 나타났다. 우리는 거의 기어가다시피 하면서 서로 좌절의 눈빛을 교환했다. 서로의 얼굴 표정과 몸짓에서 '훨씬 더 효율적인 방법이 있건만'이라는 은근한 오만의 빛이 엿보였다. 하지만 그래 봐야 우리가 할 수 있는 것은 그저 대열에 끼여 무거운 발걸음을 옮기는 것뿐이었다. 거의 한 시간을 기다린 끝에 출입국 심사원에게 여권을 건넸다. 심사원은 우리 사진과 얼굴을 번갈아 보며 물었다.

"무슨 일로 우리나라에 들어오는 겁니까?"

"산악 등반입니다."

심사원은 고개를 끄덕이고 도장을 찍은 뒤에 우리에게 통과하라는 손짓을 했다. 우리 짐은 각자 짊어진 배낭이 전부였기 때문에 달리 찾을 수화물은 없었다. 터미널 건물 출구로 나가니 애런이 기다리고 있었다. 애런과 포옹하며 반가운 인사를 나눈 뒤에 시그스와 크리스를 소개했다.

"무척 피곤해 보이는군요." 애런이 씩 웃었다.

우리는 대답할 힘조차 없어 그저 고개를 끄덕이고는 그를 따라갔다. 그가 준비한 미니밴에 올라타서 푹신한 자리에 앉으니 비로소 살 것 같았다.

애런이 시동을 걸고 도로로 나가면서 말했다. "자, 다들 게스트하우스에 가서 눈 좀 붙이시죠."

교통지옥을
뚫고

이 대도시에서는 퇴근 시간이 한참 남았는데도 벌써 도로가 꽉 막혔다. 이륜부터 삼륜, 사륜차까지, 자전거에서 인력거와 스쿠터, 승용차, 버스, 트럭까지 모든 종류의 차가 한꺼번에 도로로 쏟아져 나와 난장판이었다.

애런은 몇 분 간격으로 일어나는 충돌 직전의 상황에 전혀 신경을 쓰지 않는 눈치였다. 그는 수시로 경적을 울리며 차량 숲을 헤치고 지나갔다. 경적은 마치 그곳 사람들의 또 다른 언어처럼 보였다. 운전자들은 쉴 새 없이 경적을 울리며 서로 무언의 대화를 했다.

내가 사는 지역의 러시아워쯤은 어린애 장난처럼 보이게 만드는 광경에 우리 모두는 잠이 싹 달아났다. 이곳의 교통 법규를 알아내기는 불가능해 보였다. 아니, 법규가 있는지조차 알 수 없었다. 정지 신호는 요구 사항보다는 제안에 더 가까워 보였다. 교차로마다 수많은 차가 사방에서 모여 하나로 꼬였다가 천천히 풀어지기를 반복했다.

이런 대혼란 외에도 매연과 비포장에 가까운 도로에서 날리는 먼지 때문에 눈이 따끔거렸다. 나쁜 공기를 걸러내기 위해 마스크를 낀 오토바이 운전자들이 가끔씩 눈에 띄었다. 한번은 아이를 무릎에 앉히고 뒷좌석에는 (아내로 보이는) 여자를 앉힌 오토바이를 지나쳐 갔다. 두 다리를 모아 옆으로 앉은 여자의 품에는 아기가 안겨 있었고, 그 뒤에는 다른 두 아이가 간신히 끼어 앉았다.

정신없는 도로를 한 시간쯤 달려서야 우리는 게스트하우스에 도착했다. 마침내 팔다리를 제대로 펴고 잠을 잘 수 있었다. 우리는 한 방에 짐을 내려놓았다. 모두 곯아떨어지기 전 애런은 우리를 한자리에 모아 몇 가지 지시 사항과 격려의 말을 전했다. "이번 비행으로 피곤하고 내일 아침에도 비행기를 탈 생각에 부담스럽겠지만, 기대하셔도 좋습니다. 내일 아침 비행은 평생 잊지 못할 경험이 되실 겁니다!"

말씀 앞에
서다

내가 묵은 방은 싱글 침대와 협탁만 덩그러니 놓인 예스러운 방이었다. 밖으로 난 작은 창문으로 시원한 산들바람이 솔솔 들어왔다. 그리고 그 바람과 함께 사람들과 자동차, 오토바이들의 소음이 끝없이 새어 들어왔다. 거리의 활동은 밤새 멈추지 않을 것만 같았다.

침대에 올라 배낭에서 일기장을 꺼냈다. 예전에 내 멘토가 하나님과의 관계를 가꾸기 위해 일기를 쓰라고 권한 뒤로 성경을 통해 하나님이 가르쳐 주시는 것과 내 삶과 주변 세상에서 보이는 하나님의 역사를 묵상하고 기록하기 시작했다. 그런 묵상은 언제나 찬양과 감사 기도, 내 삶을 위한 간구, 다른 사람을 위한 중보기도로 이어졌다. 그때부터 일기를 매일 쓴 건 아니었지만 가끔 써 왔고 최근에는 거의 매일같이 썼다.

그날 밤도 피곤해서 감기는 눈을 애써 뜨며 성경을 폈다. 나는 매일 성경을 읽는데 그날은 누가복음 3장을 읽을 차례였다.

[1]디베료 황제가 통치한 지 열다섯 해 곧 본디오 빌라도가 유대의 총독으로, 헤롯이 갈릴리의 분봉 왕으로, 그 동생 빌립이 이두래와 드라고닛 지방의 분봉 왕으로, 루사니아가 아빌레네의 분봉 왕으로, [2]안나스와 가야바가 대제사장으로 있을 때에 하나님의 말씀이 빈 들에서 사가랴의 아들 요한에게 임한지라 [3]요한이 요단강 부근 각처에 와서 죄 사함을 받게 하는 회개의 세례를 전파하니 [4]선지자 이사야의 책에 쓴 바 광야에서 외치는 자의 소리가 있어 이르되 너희는 주의 길을 준비하라 그의 오실 길을 곧게 하라 [5]모든 골짜기가 메워지고 모든 산과 작은 산이 낮아지고 굽은 것이 곧아지고 험한 길이 평탄하여질 것이요 [6]모든 육체가 하나님의 구

원하심을 보리라 함과 같으니라(눅 3:1-6).

이 구절을 읽고 일기장에 다음과 같이 썼다.

소망.

모든 산과 작은 산이 낮아지고 굽은 것이 곧게 펴지고

험한 길이 평탄하여질 것이요

모든 육체가 하나님의 구원하심을 보리라.

수천 년 전에 이사야를 통해 선포된 예언의 말씀은

예수님의 오심으로 성취되었다.

예수님은 모든 역사가 내내 가리켜 온 소망이시다.

이어지는 말씀을 계속 읽으며 묵상을 적었다.

[7]요한이 세례받으러 나아오는 무리에게 이르되 독사의 자식들아 누가 너희에게 일러 장차 올 진노를 피하라 하더냐 [8]그러므로 회개에 합당한 열매를 맺고 속으로 아브라함이 우리 조상이라 말하지 말라 내가 너희에게 이르노니 하나님이 능히 이 돌들로도 아브라함의 자손이 되게 하시리라 [9]이미 도

43

끼가 나무 뿌리에 놓였으니 좋은 열매 맺지 아니하는 나무
마다 찍혀 불에 던져지리라(눅 3:7-9).

종교보다 회개가 훨씬 더 중요하다.
하나님은 회개 없는 종교에 빠지지 말라고 말씀하신다.
한편 진정한 회개는 삶의 열매로 드러난다.

[10]무리가 물어 이르되 그러면 우리가 무엇을 하리이까 [11]대
답하여 이르되 옷 두 벌 있는 자는 옷 없는 자에게 나눠 줄
것이요 먹을 것이 있는 자도 그렇게 할 것이니라 하고 [12]세
리들도 세례를 받고자 하여 와서 이르되 선생이여 우리는
무엇을 하리이까 하매 [13]이르되 부과된 것 외에는 거두지 말
라 하고 [14]군인들도 물어 이르되 우리는 무엇을 하리이까 하
매 이르되 사람에게서 강탈하지 말며 거짓으로 고발하지 말
고 받는 급료를 족한 줄로 알라 하니라(눅 3:10-14).

회개는 삶의 변화로 이어진다.
진정한 회개는 변화를 낳는다.

[15]백성들이 바라고 기다리므로 모든 사람들이 요한을 혹 그리스도신가 심중에 생각하니 [16]요한이 모든 사람에게 대답하여 이르되 나는 물로 너희에게 세례를 베풀거니와 나보다 능력이 많으신 이가 오시나니 나는 그의 신발끈을 풀기도 감당하지 못하겠노라 그는 성령과 불로 너희에게 세례를 베푸실 것이요 [17]손에 키를 들고 자기의 타작 마당을 정하게 하사 알곡은 모아 곳간에 들이고 쭉정이는 꺼지지 않는 불에 태우시리라 [18]또 그 밖에 여러 가지로 권하여 백성에게 좋은 소식을 전하였으나(눅 3:15-18).

분명 좋은 소식(복음)에는 나쁜 소식, 즉 다가올 심판과
꺼지지 않는 불에 대한 경고도 포함되어 있다.
하나님, 이 복음을 이해하도록 도와주십시오.
주님의 진노가 실질적이며,

회개하고 예수님을 믿지 않는 모든 이에게

반드시 임한다는 사실을 진정으로 믿게 해 주십시오.

솔직히 이 진리는 이해하기도 받아들이기도 힘듭니다.

주님의 자비가 실질적이며,

회개하고 예수님을 믿는 모든 이에게

임한다는 사실이 믿기가 훨씬 더 쉽습니다.

일기장에 여기까지 쓰고 성경책을 품에 안은 채 잠이
들었다.

※ 이 책의 목적은 당신이 우리의 히말라야 트레킹을 실제로 경험하도록 돕
는 것이다. 그래서 최대한 값진 트레킹이 되도록 하루 여정이 끝날 때마다 몇
가지 질문을 실었다. 이 하루가 끝날 무렵 게스트하우스에서 차가운 침낭 속
에 몸을 넣고 이런 질문들을 생각하는 상상을 해 보라. 이외에도 떠오르는 다
른 생각이나 기도가 있다면 적어 보라.

46

당신의 여행기

이런 트레킹의 어떤 점이 가장 두려운가?

어떤 점이 가장 기대되는가?

복음의 어떤 점이 가장 이해하기 힘든가?

DAY 2
경이로운 절경 속에
'상처투성이 세상'이 있었다

세상의
끝에서

이튿날 아침 일찍 우리는 금방이라도 무너질 것 같은 격납
고에 도착했다. 일행은 나를 포함해서 시그스, 크리스, 애
런, 그리고 그 나라에서 태어나 지금은 애런과 함께 일하는
나빈(Nabin)까지 모두 다섯이었다. 나빈은 트레킹 중에 만
날 사람들과의 통역자로 섭외했다.

애런은 우리 모두를 모아 놓고 말했다. "현재 고도는 해
발 1,500미터 정도이지만 이제 곧 4,000미터까지 올라갈
겁니다. 그래서 출발하기 전에 다들 이 고산병 약을 드셔야
합니다."

애런이 나눠 주는 알약을 먹고 헬리콥터 쪽으로 걸어

가는데 긴장감이 몰려왔다.

조종사는 우리에게 몇 가지 주의사항을 알려 주었다. 주로 헬리콥터 날개에 부딪히지 않도록 조심하라는 이야기였다. "제가 여러분을 볼 수 있도록 항상 헬리콥터 전면에서 걸어오세요. 갈 때도 마찬가지고요. 고개를 푹 숙이고 낮은 자세로 걷고 짐은 항상 꽉 잡고 계셔야 합니다. 뭐든 눈높이 위로는 절대 들지 마세요. 바로 날아가 버립니다. 혹시라도 무언가 놓쳐서 날아가더라도 절대 잡으려고 하지 마세요. 모자를 잡으려다가 한쪽 팔을 잃으면 안 되잖아요?"

그러고 나서 그는 이렇게 강조했는데도 꼭 그러는 사람들이 있더라는 표정으로 말을 이었다. "마지막으로, 빙빙 돌아가는 프로펠러 밑에서 셀카를 찍겠다고 멈추는 그런 행동도 절대 하지 마세요. 그냥 재빨리 타고 내리세요."

우리 모두는 주섬주섬 휴대폰을 호주머니에 넣었다.

"자리에 앉으면 안전벨트를 단단히 메고 비행을 즐기시면 됩니다. 혹시 응급 상황이 발생하면 가만히 제 지시를 기다리세요."

응급 상황이 일어날 수도 있다는 사실에 우리는 잔뜩 긴장한 얼굴로 헬리콥터 앞에 모여 사진을 찍었다. 물론 날

개가 돌아가기 전에. 그러고 나서 헬리콥터 옆에 바짝 붙어서 올라타서는 좌석에 앉자마자 안전벨트를 채웠다. 날개가 돌아가기 시작하자 소음이 헬리콥터 안을 가득 채워 서로의 말을 듣기가 불가능했기 때문에 각자 자신만의 상념에 잠겼다.

헬리콥터가 천천히 땅을 벗어났고 이내 꿈같은 경관이 나타났다. 우리는 소음과 먼지로 가득한 번잡한 도로 위로 날아올랐다. 아래의 하얀색, 노란색, 오렌지색 건물들이 빽빽한 미로처럼 보였다. 히말라야 발치에 사는 수백만 사람들의 고향인 거대한 도시 정글이 지평선 끝까지 뻗어 있었다. 오래지 않아 우리를 태운 헬리콥터는 현지인들이 '언덕'(the hills)이라고 부르는 곳들 위로 올라갔다. 해발 1,000, 2,500, 3000미터나 되는 산봉우리들. 웬만한 지역에서는 최고봉으로 불릴 산들이 이곳에서는 겨우 '언덕'이다.

도시의 안개에서 벗어나니 높게만 보이던 그 산들을 왜 언덕이라 하는지 이유를 알 수 있었다. 갑자기 하늘보다 높아 보이는 산들이 나타났다. 너무 높아서 목을 길게 빼야 어렴풋이나마 봉우리를 엿볼 수 있었다. 실로 숨 막히는 경관이었다. 아래로는 숲과 농지로 이루어진 푸른 골짜기가 마치 강처럼 산들을 굽이돌고 있었다. 하지만 무엇보다도 하늘 끝까지 치솟은 봉우리들에서 시선을 뗄 수 없었다. 봉우리마다 덮은 눈은 마치 아침 햇살에 반짝이는 백금 왕관과도 같았다.

뜻밖의 선물을 받은 어린아이처럼 내 얼굴에 환한 미소가 번졌다. 서로 마주보고 선 웅장한 산들. 문득 휴대폰을 꺼내 사진을 찍고 싶은 마음이 들었지만 이 비현실적인 경관을 제대로 담아내지 못할 것이 뻔해 가만히 앉아서 놀라움 가득한 눈으로 쳐다만 봤다.

이후 30분간 거인들의 숲을 헤치고 다녔다. 말로만 듣던 에베레스트와 안나푸르나, 마나슬루, 로체 같은 산들을 직접 보았다. 웅장한 산들을 보노라니 나 자신이 한없이 초라하고 약하게 느껴졌다.

'조금만 문제가 생겨도 우리는 죽은 목숨이군.'

바다에서 튜브를 타다가 해변에서 너무 벗어나면 정신없이 팔다리를 움직여 해변에 다다를 때까지 몇 초간 공포에 휩싸인다. 하지만 이 무시무시한 산들 사이 골짜기 위를 날 때의 공포는 훨씬 오래갔다. 나는 떨리는 가슴을 진정시키며 우리의 안전을 위해 조용히 기도를 드렸다. 시편 65편을 떠올리자 평안이 찾아왔다.

⁵우리 구원의 하나님이시여 땅의 모든 끝과 먼 바다에 있는 자가 의지할 주께서 의를 따라 엄위하신 일로 우리에게 응답하시리이다 ⁶주는 주의 힘으로 산을 세우시며 권능으로 띠를 띠시며 ⁷바다의 설렘과 물결의 흔들림과 만민의 소요까지 진정하시나이다 ⁸땅끝에 사는 자가 주의 징조를 두려워하나이다(시 65:5-8).

마지막 문장이 나의 상황을 그대로 말해 주었다. 나는 말 그대로 땅끝에 있는 자처럼 느껴졌고 두려움에 떨고 있었다. 하지만 내 삶이 "산을 세우시는" 분의 장중에 있음을 떠올리자 마음이 가라앉았다.

───

30분쯤 갔을까, 헬리콥터는 선회하더니 붐탕(Bumthang)이라고 하는 작지만 평평한 고원 지대에 착륙했다. 조종사는 곧바로 돌아가기 위해 프로펠러가 계속 돌아가게 놔두었다.

"내려서 짐을 꽉 잡고 측면에 붙어서 가요!"

그가 소리를 질렀다.

우리는 배낭을 꽉 움켜 안고 고개를 숙인 채 한 명씩 헬기에서 벗어났다. 모두 무사히 벗어나자 헬기는 이내 떠서 골짜기 아래로 날아가더니 순식간에 시야에서 사라졌다. 헬리콥터 소음이 사라지자 적막이 찾아왔다. 주변 장관에 매료된 우리 일행은 한참을 말없이 가만히 서 있었다.

"뭘 생각하시나요?" 애런이 왜 그러는지 안다는 듯 씩 웃으며 침묵을 깼다.

그 순간만큼은 무어라 할 말을 찾을 수 없었다.

충격적인
오리엔테이션

하지만 내 침묵은 오래가지 않았다. 살을 에는 칼바람 때문이었다. "추워요! 정말 춥네요!"

헬리콥터 안에서는 밖에서 벌어지는 기온의 변화를 알수 없었다. 기온은 살짝 싸늘한 정도에서 매섭게 추운 수준으로 떨어져 있었다. 고도가 올라갈수록 눈이 많아진다는 사실도 우리는 전혀 눈치 채지 못했다.

"그래요. 정말 춥죠!" 애런이 너털웃음을 터뜨렸다. "영하 10도쯤 될 겁니다!"

내 발이 정강이뼈까지 순백의 눈 속으로 잠기자 부츠가 방수가 되면 좋겠다는 생각이 들었다. 아울러 옷을 겹겹이 껴입길 잘했다는 생각이 들었다. 그때 우리 일행은 기본적으로 이렇게 입었다. 하의는 털양말, 내복, 방수 바지. 상의는 기본 내복, 긴팔 셔츠, 다운재킷, 눈비에 젖지 않게 해 줄 딱딱한 외피. 머리에는 터보건 캡, 팔에는 장갑.

하얀 김을 뽀얗게 내뿜으며 근처 마을 찻집까지 200미터 정도를 걸어갔다. 찻집은 작은 방 두 개가 딸린 갈색 목조 건물이었는데, 방 하나에는 테이블 하나와 의자들이 놓여 있었고, 다른 방은 주방으로 쓰였다. 찻집은 그리 따뜻하지 않았다. 열기라고는 주방의 불에서 나오는 것뿐이었지만 그래도 칼바람을 피할 반가운 피난처였다.

안에 들어가 테이블 주위로 자리를 잡자 주인이 우리를 반겨 주었다. 애런은 빵과 오믈렛을 시켰는데 이곳에서 오믈렛은 그냥 납작하게 요리한 달걀이었다. 음식을 기다리는 동안 마살라 차이(masala chai)가 나왔다. 이 차는 호불호가 확실히 갈렸다. 나는 불호 쪽이었지만 워낙 추워서 따뜻하기만 하면 맛을 가릴 처지가 아니었다. 음식을 준비하는 동안 애런이 막간 오리엔테이션을 진행했다.

"자, 여러분과의 이번 여행이 무척 기대됩니다. 솔직히 처음에는 여러분을 이곳으로 초대하는 일이 무척 망설여졌습니다. 아무나 올 만한 곳이 못 되거든요. 충격적인 광경을 적잖이 보실 겁니다. 하지만 이 산에서 여러분의 마음속에 특별한 일이 일어나리라 확신합니다. 그래서 여러분을 초대하길 잘했다는 생각이 듭니다."

우리가 앉아서 차를 홀짝거리는 동안 애런은 자신의 첫 히말라야 여행 때 이야기를 했다. "이십 년 전 대학 친구들과 이곳에 처음 왔습니다. 그냥 트레킹을 즐기며 잠시 자연인 행세나 할 생각이었죠. 그렇게 가벼운 마음으로 트레킹을 시작했는데 첫 기착지에서 한 번도 보지 못한 육체적, 영적 문제를 목격했습니다. 자세한 이야기는 나중에 하겠지만, 아무튼 너무 충격적인 광경이어서 잠을 이룰 수 없었습니다. 밤새 울었답니다. 이튿날 동이 트자마자 친구들에게 나는 더 이상 가지 않겠다고 했습니다. 그리고 당장 짐을 챙겨 산을 내려왔죠. 정확히 무얼 해야 할지 몰랐지만 이 사람들을 돕기 위해 뭐라도 해야 한다는 절박감이 저를 감쌌습니다. 자초지종을 다 말하자면 길지만, 그 뒤로 이 사람들에게 예수님의 소망을 전해 주기 위해 나름대로 노력해 왔습니다."

"도대체 무엇을 보셨기에 그렇게 충격적이었는지 조금만 귀뜸해 주실 수 있나요?" 시그스가 물었다.

"지금 우리가 있는 이 지역에는 약 9백만 명의 주민이 살고 있습니다. 그 9백만 명 중에서 예수님의 제자는 백 명도 채 되지 않을 겁니다. 사실, 이곳에서는 대부분의 사람들이 예수님에 관해 들어 보지도 못했지요. 이 지역은 힌두교와 불교의 발원지입니다. 그래서 기독교의 흔적은 찾아보기 힘듭니다."

"놀랍군요. 2천 년이 지난 지금까지도 복음이 전해지지 않았다니요." 크리스가 말했다.

"심각한 영적 상황이죠. 그뿐만 아니라 이 사람들은 극심한 빈곤에도 시달리고 있답니다. 제가 이 지역에 처음 왔을 때는 아이들이 열에 다섯은 여덟 살을 넘기지 못하고 죽었어요. 심지어 생후 첫해를 넘기지 못하고 숨을 거두는 아이들도 적지 않았습니다."

아이들의 절반? 우리 모두는 고개를 절레절레 흔들고 혀를 찼다. 순간, 우리 아이들의 얼굴이 떠올랐다. 케일럽(Caleb), 조슈아(Joshua), 매러(Mara), 아이제이어(Isaiah). 내 목숨보다도 사랑하는 우리 아이들이다. 이 녀석들 중 둘을 잃는다는 건 상상조차 할 수 없었다. 케일럽과 조슈아는 이미 죽고 매러와 아이제이어는 언제 죽을지 모르는 상황? 내가 가장 두려워하는 것 중 하나는 내 자식을 한 명이라도 잃는 것이다. 정말이지 상상조차 하기 싫은 상황이다.

이윽고 찻집 주인이 정성껏 차린 접시를 우리 앞에 하나씩 놓았다. 하지만 이곳 아이들에 관한 애런의 말이 여전히 귓가에 맴돌아 누구 하나 차마 숟가락을 들지 못했다. 나 역시 입맛이 저 멀리 달아나고 없었다.

"이야기는 나중에 더 하기로 하고 이제 먹읍시다. 아무튼 앞으로 충격적인 광경을 많이 볼 테니 마음의 준비를 단단히 하십시오. 이곳은 참으로 안타까운 땅입니다."

애런의 말에 그제야 하나둘 억지로 한술 뜨기 시작했다.

애런의 말이 옳았다. 우리가 방문한 첫 번째 마을에서 만난 광경은 정말 상상도 못하던 것이었다.

"예수는 모르겠고
눈이나 고쳤으면……"

애런이 찻집 밖에서 배낭을 짊어지는 우리에게 파란 하늘과 이글거리는 태양을 가리키며 말했다. "다들 선글라스를

58

끼세요. 여기서는 눈 위로 반짝이는 햇빛 때문에 선글라스를 끼지 않으면 금방 눈이 멀어 버립니다."

"정말요?" 내가 물었다.

"네, 설맹(snow blindness)이라고, 일종의 눈 화상이라고 할 수 있습니다. 실제로 눈 화상처럼 증상을 알아챘을 때는 이미 늦지요. 맹점이 생길 수도 있고 하루나 이틀 동안 아무것도 보지 못할 수도 있습니다. 심하면 아예 계속해서 앞을 볼 수 없을 수도 있고요."

그 말에 모두가 부리나케 선글라스를 끼고 길을 나섰다. 사실, '길'이 나 있다기보다는 우리가 눈 사이로 길을 만들며 가는 것에 더 가까웠다. 눈 덮인 봉우리가 사방을 둘러싼 모습은 실로 장관이었다.

오른쪽 산은 약 8,000미터 높이였고 우리는 약 4,000미터 높이를 걷고 있었다. 작은 구릉들을 몇 번 오르내리고 나니 약 500미터 앞에 겨우 몇 가구로 이루어진 마을이 모습을 드러냈다. 마을에 들어서니 한 남자가 자신의 집에서 나왔다. 남성은 너덜너덜한 베이지색 셔츠와 구멍이 뻥뻥 뚫려서 본연의 기능을 상실한 갈색 재킷을 입고 있었다. 새까만 머리카락과 희끗한 턱수염, 구릿빛 피부는 씻은 지 몇 주는 되어 보였다. 하지만 그 남자의 가장 두드러진 특징은 이런 것이 아니었다. 무엇보다도 한쪽 눈이 없다는 사실이 가장 눈에 들어왔다.

애런이 현지어로 인사를 건네자 남자는 한 눈으로 땅바닥을 보며 아주 부드러운 음성으로 뭐라고 중얼거렸다.

"이름이 어떻게 되세요?" 애런은 그렇게 물으며 나빈에게 통역하라는 손짓을 했다. 애런도 현지어를 많이 알지만 나빈은 원래 이 지역 출신인 데다 영어에도 능통해서 그가 나서서 통역을 해 주는 것이 훨씬 더 부드럽고 정확했다. 남자가 고개를 들었다. 그의 눈 속으로 두개골이 보였다.

"카말(Kamal)." 남자는 면봉 비슷한 걸로 얼굴의 구멍을 가리면서 대답했다.

애런은 나빈을 통해 카말과 잠시 가벼운 대화를 주고받다가 이렇게 물었다. "눈은 어떻게 되신 겁니까?"

카말은 다시 눈을 깔고 대답했다. "두 달 전에 감염되었어요. 처음에는 가렵고 진물이 났죠. 별로 대수롭지 않게 생각했는데 상태가 점점 나빠지더니 급기야 머리가 깨질 듯이 아팠습니다. 며칠 내내 그러더니 결국 이렇게 눈이 빠져 버렸습니다."

애런은 몇 가지 질문을 더 했고, 계속해서 카말은 자신의 뺨이 함몰되고 청력이 약해진 과정을 설명했다. 상황 자체는 단순했다. 약을 구할 수 없어서 감염이 머리 전체로 급속도로 퍼져 나가는 중이었다. 이대로 가다간 목숨을 잃을지도 몰랐다.

애런은 좀 더 영적인 쪽으로 대화의 방향을 틀었다. "예수라고 들어 보신 적이 있나요?"

카말은 혼란스러운 표정으로 눈을 껌벅거렸다. "누구라고요? 아뇨, 그런 이름은 들어 본 적이 없는데요."

근처 마을에 사는 누군가를 말하는 것으로 이해한 듯했다. 애런이 예수님의 이야기를 하기 시작했지만 카말은 2천 년 전에 살았던 인물이 자신과 무슨 상관인지 몰라 어리둥절해하는 표정이었다. 애런의 이야기가 끝나자 카말은 고개를 푹 숙이고 힘겨운 목소리로 말했다. "그런 건 모르겠고 눈이나 고쳤으면 좋겠어요."

애런은 산 아래에 병원을 여는 일에 힘을 보태 왔다며 그를 꼭 도와주겠다고 약속했다.

"선생님을 위해 기도해도 될까요?"

애런이 묻자 카말은 여전히 혼란스러운 표정을 지으면서도 고개를 끄덕였다.

우리는 카말 주위로 모여 눈 위에 무릎을 꿇고 추위에 벌벌 떨면서도 예수 그리스도의 이름으로 하나님께 간절히 도움을 요청했다.

믿음으로
기도한다는 것

하지만 기도가 무의미하게 느껴졌다. 적어도 당시 내 기분은 그랬다. 물론 그래서는 안 된다는 걸 잘 알았다. 분명, 기도는 중요하다. 카말을 위해 온 힘으로 하나님께 부르짖는 것보다 더 귀한 일이 또 있을까? 하지만 딱 거기까지라는 생각이 들었다. 아멘이라고 말하면서도 속으로는 혼란스럽기 짝이 없었다. 과연 우리의 기도로 카말의 삶이 크게 달라질까 하는 의구심을 떨쳐 낼 수가 없었다.

분명 기도가 옳은 일이라고 생각했지만 나는 하나님이 그 자리에서 카말을 기적적으로 고쳐 주실 수 있다는 믿음으로 기도하고 있지 않았다. 솔직히, 앞으로도 카말의 상황이 변할 가능성은 희박해 보였다. 응답을 믿지도 않으면서 누군가를 위해 기도할 때의 공허함은 이루 말할 수가 없다.

물론 기도는 절대 무의미하지 않다. 나는 항상 기도의 능력을 외치는 설교자다. 그런데 왜 내 마음 깊은 곳에 이런 의심이 도사린 것일까? 나의 공허한 믿음에 낙심한 이 순간, 애런의 전혀 다른 모습이 내 영혼을 일으켜 세웠다. 카말과 헤어지고 나서 애런은 산 아래에 세운 병원에 관한 이야기를 했다. 그곳에서 카말이 치료도 받고 복음도 더 듣게 될 거라고 했다. 애런에게서 나는 기도한 대로 믿는 사람의 모습을 보았다. 애런은 하나님이 카말을 얼마든지 고치실 수 있다고 확실히 믿고서 기도했다. 애런은 자신의 기도가 응답되기 위한 수단으로 자신을 온전히 내어드릴 만큼 하나님을 온전히 신뢰했다.

　　나도 그런 믿음으로 기도하고 싶었다. 그런 믿음으로 기도하라고 말만 하는 사람이 아니라 실제로 그런 믿음을 갖고 싶었다.

절박한
필요들

카말의 마을에서 벗어나자 길은 눈에 띄게 좁아졌다. 이제 우리는 평야에서 벗어나 산비탈을 따라 걷기 시작했다. 왼쪽으로 고개를 돌리면 깎아지른 협곡이 내려다보여 정신이 아득해졌다. 한 발만 잘못 내딛어도 천 길 낭떠러지로 떨어져 뼈도 못 추릴 듯했다.

이런 산의 이런 길에서는 두 사람이 나란히 걸을 수 없다. 자신의 발걸음에만 집중하며 한 줄로 걸으면 다른 사람과의 의미 있는 대화는 불가능하다. 그래서 나는 나만의 깊은 상념에 빠져들었다. 이전 마을에서 본 것과 우리가 떠날 때 애런이 한 말을 곰곰이 곱씹다 보니 '절박한 영적, 육체적 필요'가 바로 이런 상황을 두고 하는 말이라는 생각이 들었다. 육체적으로 카말은 아무런 도움도 받지 못한 채 죽음에 다가서고 있었다. 영적으로는 20분 전까지만 해도 자신을 죄와 죽음에서 구해 주실 수 있는 유일한 분의 이름조차 들어 본 적이 없었다.

문득 머릿속에 이런 물음이 떠올랐다. '육체적인 필요와 영적인 필요가 둘 다 똑같이 절박한가? 카말에게 가장 시급한 필요는 무엇인가?'

카말에게 가장 시급한 것은 의료적인 도움이라는 주장이 가능하다. 지금 그에게 가장 필요한 것은 예수님에 관한 이야기가 아니라 의사의 도움이라고 말할 수도 있다. 하지만 예수님에 관해 듣는 것이 그에게 가장 절박한 필요라는 주장도 가능하다. 교회의 사명은 육체적 필요를 채워 주는

것이 아니라 제자를 삼는 것이지 않은가? 그 순간 그 길 위
에서 내게는 둘 다 가장 절박해 보였다. 둘 중 하나도 무시
할 수 없다. 둘 중 하나라도 무시하면 그 방면에서 우리는
눈이 먼 자들이 된다.

구체적으로
움직이는 사람

길은 산등성이에서 멀어지면서 점점 넓어졌다. 어느새 두
사람이 나란히 걷기가 훨씬 편해졌다. 길을 멈춰서 반대편
에서 오는 사람과 대화를 나누기도 한결 수월해졌다.

　바로 그때 애런은 한 살배기 아들을 업고 오는 한 남자
를 발견했다. 두 사람은 서로를 보자마자 환하게 웃으며 다
정하게 서로를 안았다. 애런은 우리를 멈춰 세우고 그 남자
를 소개했다.

　"이분은 시잔(Sijan)입니다. 아기는 아미르(Amir)이고요."

　우리 모두는 현지 인사법을 배웠기 때문에 미소를 머금
고 고개를 살짝 숙이면서 현지어로 인사를 건넸다.

　"시잔과 아미르는 저쪽 길로 쭉 가면 나오는 마을에서

삽니다." 애런이 왼편 산등성이를 가리키며 말했다.

"지금으로부터 일 년이 좀 안 되었을 겁니다. 아미르가 태어난 직후에 저 마을에서 콜레라가 발생했어요. 콜레라에 관해 얼마나 아시는지 모르겠지만, 박테리아에 오염된 음식이나 물을 먹으면 걸리는 무시무시한 병입니다."

순간, 애런이 처음에 끓인 차나 정수된 물만 마시라고 했던 말이 기억났다.

"오염된 음식이나 물을 먹으면 심한 설사와 탈수증에 시달리지요. 물론 적절한 치료만 하면 콜레라는 쉽게 잡히는 병입니다. 수액과 항생제를 병행하면 99퍼센트는 좋아집니다. 하지만 치료하지 않으면 어른이든 아이든 며칠, 심지어 몇 시간 만에 목숨을 잃을 수도 있는 무서운 병이에요."

애런은 시잔과 아미르를 지그시 바라보며 깊은 숨을 내쉬더니 이내 말을 이어 갔다. "시잔의 마을에 바로 이런 무시무시한 병이 돌았습니다. 위생이 엉망이고 더러운 물을 그대로 마시다 보니 너도나도 콜레라에 전염되었죠. 콜레라가 마치 산불처럼 삽시간에 퍼져 나갔답니다. 불과 몇 시간 만에 남녀노소 모두 앓았는데, 약이 없어서 이틀 만에 60명이나 되는 사람들이 목숨을 잃었습니다."

이틀 만에 당신의 가족까지 포함해서 늘 보고 지내던

이웃 사람들 60명이 죽는다고 상상해 보라. 우리는 놀라 입을 다물 줄 몰랐다.

"거의 모든 가정이 전염되었지요. 아미르의 형과 누나도 그때 목숨을 잃었어요."

비극은 거기서 끝이 아니었다.

"이런 일이 있은 후 시잔의 부인은 깊은 우울증에 빠져들었습니다. 두 자녀에다 수많은 친구와 친척을 잃은 슬픔을 견딜 수 없었던 그녀는 어느 날 줄을 구해 나무에 목을 매달았어요."

애런이 영어로 우리에게 이 이야기를 해 주는 동안 우리는 시잔을 쳐다보았다. 시잔은 영어를 알아듣지 못해 애런에게 신경을 쓰지 않고 품에 안은 아들의 얼굴만 뚫어져라 쳐다보고 있었다. 일 년 전만 해도 아내와 토끼 같은 세 자녀의 웃음소리가 끊이지 않던 단란한 가정의 가장이었던 시잔. 이제는 갓난아기와 단둘뿐이었다.

"아내를 떠나보내고 나서 시잔은 마을 아낙네들에게 젖 동냥을 해 가며 아기를 키웠습니다."

삶이 송두리째 흔들린 이 부자를 보며 그 사연을 듣다가 예멘에서 72만 5천 명의 콜레라 환자가 발생했다는 기사를 본 기억이 났다. 세계보건기구(WHO)는 이것을 "세계

최악의 콜레라 발발"로 명명했다.[2] 이 부자를 보노라니 이런 발병 사례가 그냥 숫자가 아니라는 사실이 실감이 갔다. 그들도 시잔과 아미르 같은 사람들이다. 그들도 어린 아들이요 아버지이며 어머니요 딸이며 할아버지요 할머니다. 얼마든지 예방하고 치료할 수 있는 질병으로 죽어 가는 수많은 이들. 이보다 더 절박한 상황이 또 있을까?

이번 여행을 떠나기 전에 우리 아들 중 한 명이 길에서 만난 아이에게 주라며 팔찌를 주었다. 물론 지금 어린 아미르에게 가장 필요한 건 팔찌 따위가 아니었다. 그래도 그 아이와 아버지에게 뭐라도 주고 싶었다. 세상의 반대편에 그들을 걱정하는 사람들이 있다는 사실을 보여 주고 싶었다.

마음을 먹은 나는 팔찌를 꺼내 애런의 통역을 통해 시잔에게 말했다. "우리 아들이 아드님을 위해 이 팔찌를 만들었습니다. 이걸 드리고 싶은데 괜찮을까요? 저희 가족이 기도해 드리겠습니다."

시잔은 미소 띤 얼굴로 팔찌를 받아 아들의 손목에 끼워 넣었다. 아미르가 팔찌를 만지며 신기해하는 동안 애런과 시잔은 조금 더 이야기를 나누었다. 잠시 후 우리는 작별인사를 하고 다시 발걸음을 옮겼다.

문득 애런이 내 옆으로 붙더니 말을 걸었다. "콜레라 발발 소식을 듣자마자 급히 깨끗한 정수 필터들을 공수해 왔습니다. 또한 시잔의 마을에 식수 위생 시스템을 도입하고 어린 아미르의 건강을 특별히 관리했지요."

"애런, 정말 최고예요!"

시급한 문제를 해결하기 위해 구체적으로 뭔가를 하는 사람과 함께 걷는다는 사실이 그렇게 감사할 수가 없었다.

헛간에 갇힌 아이

우리는 길을 걷는 중간중간 물을 마시거나 물통을 채웠다. 그럴 때마다 깨끗한 식수가 얼마나 중요한지, 그리고 우리가 편안한 삶에 얼마나 깊이 젖어 있는지를 절감했다. 우리 모두는 각자 나름의 정수 장비를 배낭에 넣고 다녔다. 크리스와 시그스는 부대를 꺼내 물을 채운 다음 부대 끄트머리에 달린 특수한 필터를 돌렸다. 그런 다음 부대를 눌러 필터를 통해 물병에 물을 채웠다.

내 필터는 아예 물통에 내장되어 있었다. 그래서 그냥

물통을 강에 넣고 물을 채운 다음 뚜껑을 닫고 마시면 필터가 달린 입구를 통해 깨끗한 물이 나왔다. 이렇게 하면 모든 종류의 박테리아를 거를 수 있었다. 시잔의 마을에 이런 간단한 필터만 있었다면 시잔의 세 가족을 비롯해 60명의 주민이 목숨을 잃지 않았을 것이다.

우리는 탈수 상태가 되지 않도록 틈틈이 물을 몸에 채워 넣었다. 한편, 이렇게 높은 고도에서 길을 걸으면 몇 시간 전에 먹은 작은 달걀과 빵 하나로 얻은 칼로리쯤이야 금세 타 버린다. 거의 점심 때가 되자 식사와 휴식이 간절해졌다. 다음 마을에 들어서자 이번에도 찻집이 보였다. 우리는 밖에 짐을 내려놓고 따뜻한 온기와 물, 음식으로 몸을 녹이기 위해 서둘러 안으로 들어갔다.

애런이 차와 빵, 그리고 콩과 향신료로 만든 수프인 달(dal)을 주문했다. 모두 테이블에 둘러앉아 음식을 기다리는데 크리스가 나빈 쪽을 바라보며 물었다. "나빈, 정말 멋진 산에서 태어나고 자랐군요. 고향이 정확히 어디예요? 어린 시절은 어땠어요?"

크리스가 음식을 기다리는 동안 시간을 때우려고 가볍게 시작한 대화는 그곳의 실상을 적나라하게 보여 주는 길고 심각한 대화로 이어졌다. 스무 살의 나빈은 험상궂어 보이는 인상과 달리 겸손하고 음성은 부드러웠다. 나빈은 천천히 말을 시작했다.

"제 고향은 여기서 멀지 않은 곳입니다. 어머니는 제가 아주 어릴 적에 돌아가셨습니다. 아버지와 저는 둘 다 큰 충격을 받았지요. 그러던 어느 날 아버지는 다른 여자를 만났고 오래지 않아 새장가를 드셨어요. 새어머니는 전남편과의 사이에서 낳은 자식들이 있어 그런지 저를 좋아하지 않았어요. 아버지도 저를 싫어하기 시작하더니 급기야 저를 때리기 시작했습니다. 불 속에서 뜨거운 나무를 꺼내 제 등에 휘갈기곤 했지요."

나빈의 말이 계속되는 동안 애런이 내 쪽으로 몸을 기울여 속삭였다. "나빈의 등에 아버지에게 맞은 자국들이 아직도 남아 있습니다."

너무도 충격적이었다. 나빈이 그런 어린 시절을 보냈고 그의 해진 셔츠 안에 그런 상처가 숨겨져 있을 줄은 상상도 못했다.

"하루는 더 이상 참지 못하겠더라고요. 결국 집을 뛰쳐나와 산으로 들어갔습니다."

"그때가 몇 살이었어요?" 내가 물었다.

"일곱 살 때쯤이었습니다."

내 눈이 똥그래졌다. 내 아들 중 한 명이 일곱 살에 산으로 도망쳐 홀로 두려움에 떠는 모습을 상상하려고 애를 써 봤다. 산속의 지독한 추위와 맹수보다도 아버지를 더 두려워하는 자식이라니.

"며칠 동안은 괜찮았는데 결국 아버지에게 붙잡히고 말았습니다. 아버지는 제 발을 잡고 바위에 마구 치기 시작했지요. 그렇게 흠씬 두들겨 패고 난 뒤에는 집으로 끌고 갔어요. 집에 갔지만 더 이상 집에서 살 수 없었습니다. 아버지와 새어머니는 저를 바깥 헛간에 가둬 버렸습니다. 그때부터 거기서 지냈습니다."

"헛간에 얼마나 갇혀 있었나요?" 크리스가 물었다.

"애런 아저씨에게 발견될 때까지요."

이때 음식이 도착했다. 주인은 김이 펄펄 나는 콩 수프 그릇을 각 사람 앞에 조심스럽게 놓았다. 테이블 중앙에는 이 지역에서 흔히 먹는 납작하고 둥근 빵인 로티가 겹겹이 쌓여 있었다. 애런이 감사 기도를 드리고 나서 우리는 식사를 시작했고 애런은 나빈의 이야기를 계속해 주었다.

"하루는 이 지역을 통과하다가 해가 저물어 묵을 곳이 필요했습니다. 그래서 한 마을에 들러 아무 집이나 찾아갔습니다. 주인에게 하룻밤 묵을 방을 청했더니 방은 없고 헛간은 내줄 수 있다는 대답이 돌아왔죠. 그래도 밖에서 자는 것보다 낫겠다 싶어 헛간에 들어가 문을 잠갔습니다. 짐을 내려놓고 침낭을 펴서 바닥에 깔았죠. 재빨리 신발을 벗고 침낭 안으로 들어갔습니다. 그런데 어디선가 무슨 소리가 들렸습니다. 처음에는 헛간 안의 별도 공간에 있는 짐승들이라고 짐작했죠. 그런데 아무래도 그냥 짐승이 아니라는 걸 알아차렸습니다. 침낭에서 나와 전등을 켜서 소리가 들려오는 쪽을 비춰 보았지요. 그런데 글쎄, 짐승이 아니지 뭡니까? 여덟 살짜리 남자아이의 두 눈이 저를 쳐다보고 있었습니다."

크리스와 나는 서로 놀란 눈빛을 주고받았다.

"안타깝게도 이곳에서는 그리 드문 일도 아닙니다. 부모가 자식을 헛간에 가두었다는 말을 심심치 않게 들을 수 있습니다. 대개는 아이에게 어떤 장애나 기형이 있을 때 그렇게들 합니다. 이런 아이는 저주를 받았다고 믿는 주민들이 많습니다. 그래서 그냥 집에 두었다가는 온 집안 식구가 저주를 받을까 봐 집 밖으로 내치는 것이지요. 짐승들과 열흘 넘게 헛간에 갇혀 있던 장애아도 본 적이 있습니다. 그래서 그날 밤 헛간에 다른 누군가 있다는 사실에 놀라긴 했어도 아이라는 걸 알고 충격을 받지는 않았습니다."

"그래서 어떻게 하셨나요?"

시그스가 묻자 나빈이 끼어들었다.

"아저씨가 저를 돌봐 주셨어요. 살 집도 찾아 주시고, 학교에도 보내 주셨어요. 아저씨 덕분에 저를 향한 하나님의 사랑을 알게 되었어요."

모두가 애런을 쳐다보니 애런은 시선이 자신에게로 집중되는 것이 부담스러운 눈치였다.

"나빈 이야기를 좀 더 해 볼게요. 그리 오래되지 않은 일인데요. 나빈이 다시 산에 갔다가 우연히 아버지와 마주쳤습니다. 그의 아버지는 아픈 양아들을 데리고 부리나케 어디를 가고 있었습니다. 그는 나빈에게 양아들을 치료하고 오는 동안 집에 가서 새어머니를 돌봐 달라고 부탁했어요. 황당하죠? 여러분 같으면 자기를 때리고 불로 지졌던 아버지가 자기를 헛간으로 쫓아내라며 아버지에게 바가지를 긁었던 여자를 돌봐 주라고 했을 때 그 말에 따를 수 있겠어요? 자, 나빈이 어떻게 했을까요?"

다들 고개를 갸웃거리자 애런이 계속해서 말했다. "나빈은 집에 돌아가 아버지가 돌아올 때까지 석 달간 새어머니를 지극정성으로 돌봐 주었습니다."

이번에는 나빈이 자신에게 쏠린 관심이 부담스러운 듯

자리에서 일어났다. "이젠 길을 나서야 하지 않을까요? 해가 저물기 전까지 갈 길이 멉니다."

하긴 식사를 마쳤으니 떠날 때가 되었다. 나는 존경심 가득한 눈으로 나빈을 슬쩍 쳐다보았다. 아울러 나빈 덕분에 그 지역에서의 삶이 어떠한지를 좀 더 깊이 알게 되었다.

답 없는
질문들

이해할 수가 없었다. 여행을 시작한 오후, 나는 일행에게서 뒤처져서 깊은 혼란에 빠져 있었다. 나는 답을 알아야 할 목사이자 설교자다. 하지만 그 순간 내 안에는 답 없이 질문만 가득했다. 이 세상, 그리고 그 안에서의 내 삶이 도무지 말이 되지 않게 느껴졌다.

나는 사랑 많은 아버지 밑에서 태어나고 나빈은 매질을 일삼는 아버지 밑에서 태어난 이유를 이해할 수 없었다. 나는 태어난 첫날부터 물과 음식, 백신 접종까지 아무런 부족함 없이 살아온 반면, 오늘도 이런 것이 없어서 2만 명의 아이들이 죽는 이유를 이해할 수 없었다. 하나님이 계시다는 것을 알고 그분이 만물과 만사를 다스리신다고 믿지만 내가 누리는 이런 복을 구경조차 하지 못한 이들이 왜 그토록 많은가?

내가 이런 복을 누리는 것은 내가 그럴 만한 행동을 했기 때문이 전혀 아니다. 내가 풍요로운 땅의 단란한 가정에서 태어난 것은 내 노력과는 아무런 상관이 없다. 당신도 마찬가지일 것이다. 그런데 왜? 왜 우리는 원하는 모든 것을 누릴 수 있는 환경에서 태어난 반면, 수십억은 아닐지라도 세상 수백만 명의 시잔과 아미르, 나빈은 꼭 필요한 것조차 거의 주어지지 않은 환경에서 태어났을까?

두어 시간 동안 내 발은 몇 킬로미터를 갔지만 내 머릿속은 한 발자국도 전진하지 못한 채 혼란 속을 헤매었다. '하나님이 이 마을 사람들보다 나를 더 사랑하시는 건가? 그렇다면 왜? 그렇지 않다면, 내가 장애를 안고 태어나 짐승처럼 헛간에 갇히지 않고 건강한 다리로 이 길을 걷는 이유는 무엇인가?'

걸을 힘이 하나도 없어서 털썩 주저앉아 이 실타래나 풀고 싶었다. 그래서 다음 마을에서 일행들 전부가 배낭을 옆에 놓고 앉았을 때 다행이다 싶었다. 하지만 자리를 잡고 애런이 말을 시작하자 피로가 가시기는커녕 오히려 더 심한 무기력이 밀려왔다.

잃어버린

딸들

애런은 이번 마을에 관한 중요한 이야기를 시작했다. "이제부터 우리가 들어갈 마을은 규모가 상당합니다. 약 200명이 사는 마을이죠. 그런데 눈치가 빠른 분들은 뭔가 이상한 점을 느끼실 겁니다. 잘 보시면 열두 살에서 스무 살 사이의 어린 여자아이가 거의 없다는 걸 눈치 채실 겁니다. 그건 지난 오륙 년 사이에 대부분의 어린 여자애들이 팔려 갔기 때문입니다. 빠르면 일곱 살에서 열다섯 살이 되면 팔려갑니다. 어디로 팔려 가는지 짐작이 가시나요? 그렇습니다. 성 노예로 팔려 가는 겁니다."

계속해서 애런은 인신매매가 어떻게 이루어지는지를 설명했다. "매우 조직적입니다. 인신매매범들은 이 마을이 얼마나 가난한지 잘 압니다. 당장 내일 끼니를 걱정해야 하는 집들 중에서 어린 여자애가 있는 집을 물색하지요. 여기서 그런 집을 찾기란 별로 어렵지 않습니다.

인신매매범들은 도움을 주러 찾아온 친절한 사람처럼 굽니다. 부모에게 딸을 산 아래 도시로 보내면 자신의 앞가림은 물론이고 가족에게도 돈을 보낼 수 있는 좋은 직장에 취직시켜 주겠다고 사탕발림을 하죠. 또한 딸이 번 돈을 보내 주고 때마다 집에 다녀오게 해 주겠고 약속합니다. 그리고 약속의 증표로 딸의 부모에게 물건이든 돈이든 백 달러 정도를 주죠. 여기서 백 달러면 상당한 액수입니다. 이런 마을의 가난한 가족에게는 거의 반 년치 수입에 해당하죠. 이렇게 약속도 받고 증표도 받았으니 가족들은 안심하고 딸을 이자들에게 넘깁니다."

"시간이 지나면 인신매매범들의 거짓말이 드러나지 않나요? 그러니까 딸이 돌아오지 않으면 말입니다." 내가 참담한 심정으로 물었다.

"맞아요. 하지만 지독한 가난은 부모들을 절박한 행동으로 내몰죠. 또한 그들은 딸이 그래도 이곳에서보다는 잘 살 거라고 진심으로 믿고 있습니다."

우리 모두는 서로를 바라보며 고개를 흔들었다. 참으로 믿기 힘든 현실이었다.

"눈물의 이별 후에 인신매매범들은 이 소녀들을 데리고 검문소를 몰래 통과합니다. 그중 일부는 수도에서 머물고,

다른 도시나 국가로 팔려 가는 경우도 있습니다. 어떤 경우든 다시는 집에 돌아갈 수 없죠.

수도에 남는 아이들은 오두막 식당(cabin restaurant)이라는 곳에서 일합니다. 오두막 식당의 부스들은 칸막이를 한 방들입니다. 다만 나무 칸막이가 바닥에서 천장까지 완전히 막은 구조이지요. 그렇게 완벽히 가려진 공간에서 상상도 하기 싫은 추잡한 일이 벌어지죠."

너무 고통스러워서 그만 듣고 싶을 정도였다.

"남자가 오두막 식당에 들어와 이 앳된 여자아이 중 한 명의 손을 잡고 부스로 들어갑니다. 거기서 먹고 마시며 그 어린 소녀의 몸을 마음껏 주무르다가 그 자리에서 혹은 위층 침실로 올라가서 더욱 몹쓸 짓을 합니다. 그리고 또 다른 남자가 똑같은 짓을 합니다. 그리고 또 다른 남자가, 그리고 또 다른 남자가, 그리고 또 다른 남자가……. 많게는 하루에 열다섯에서 스무 명의 사내들이 이 소녀들의 몸과 마음을 짓밟습니다."

애런이 말을 멈추었다.

우리 모두는 답답한 심정으로 다음 마을을 바라보고 있었다. 내게는 여덟 살짜리 딸이 있다. 그 아이에게 이런 일이 일어난다는 건 상상조차 할 수 없다. 아니, 상상조차 하기 싫다. 하지만 이 소녀들에게는 이런 일이 곧 삶 자체다. 내가 앉아 있던 그 바위를 오르내리며 천진난만하게 놀았던 소녀들이 이제 가족에게 돌아올 수 없는 지옥 같은 곳으로 가 버렸다.

이윽고 우리는 일어서서 마을로 걸어 들어갔다. 주변을 돌아보니 애런의 말처럼 그 나이 또래 소녀는 거의 보이지 않았다. 아무 일도 없는 듯 평온해 보이는 마을 입구에서 내 안은 요동치고 있었다. '하나님, 도대체 이유가 뭡니까? 만물을 다스리는 분이 왜 이런 일을 그냥 방치하십니까? 왜 이 아이들을 구해 주시지 않는 겁니까? 왜 이 못된 인신매매범들을 모조리 쳐 없애시지 않는 겁니까?'

이해할 수가 없었다. 이 마을을 다 통과할 때까지도 그 이유를 이해할 수가 없었다. 그리고 이런 일이 내게 어떤 의미인지도 이해할 수 없었다. 분명 어떤 의미가 있어야 했다. 이런 일을 보고 듣고도 아무렇지도 않은 듯 예전처럼 살 수는 없었다. '하지만 내가 무엇을 해야 하는가?' 이 질문은 나를 더욱 흔들어 놓은 다음번 만남에서 더욱 증폭되었다.

무기력한 내가

싫었다

지난 마을을 통과한 뒤 한 시간 남짓 이어진 여행은 내내 조용했다. 우리 모두는 눈으로 보고 귀로 들은 것을 곱씹으며 터벅터벅 걸어갔다. 내 머리와 가슴에서 온갖 감정과 생각이 소용돌이쳤다. 그리고 이 혼란의 한복판에서 나는 불편한 갈등을 경험했다.

한편으로는 이런 생각과 감정을 그냥 떨쳐 내고 싶었다. 집으로 돌아가 인신매매범들에게 유린당하는 마을에 관한 기억은 싹 지워 버리고 싶었다. 이 모든 일이 비현실처럼 느껴졌다. 이런 일을 보지도 듣지도 않은 것처럼 태연하게 살아가고 싶었다. 그저 하룻밤 악몽이었으면 좋겠다고 생각했다. 눈을 떠 보니 이 모든 일이 현실이 아닌 꿈이라면 얼마나 좋을까.

하지만 한편으론 뭔가를 하고 싶었다. 지금 당장! 소녀를 끌고 내려가는 인신매매범을 때려눕히고 그 아이를 집으로 데려가고 싶었다. 당장 저 아래로 내려가 내 힘껏 최대한 많은 소녀들을 구해 내고 싶었다. 하지만 어떻게 해야 할지를 알 수 없었다. 인신매매의 해법은 매우 복잡하다고 들었다. 인신매매와 싸우는 방법 중에는 지혜로운 방법도 있고 어리석은 방법도 있다. 하지만 그 순간만큼은 계산기만 두드리지 않고 내 힘으로 뭐라도 하고 싶었다.

———

그날의 마지막 마을에서 내 안의 갈등은 극에 달했다. 그 마을은 이전 마을보다 훨씬 작았다. 지나다니는 사람도 별로 없이 이상할 정도로 조용했다. 대부분의 어른들은 아직까지 산비탈 밭에서 일하는 듯했다. 왼편을 보니 나무로 만든 단층집 혹은 이층집이 열 채쯤 일렬로 늘어서 있었다. 집마다 밖에 땔감이 수북이 쌓여 있었다. 눈에 보이는 모든 것 위로 눈이 덮여 있었다. 우리가 마을에 들어서기 무섭게 한 집에서 여덟 살쯤으로 보이는 남자아이 두 명과 여자아이 한 명이 조르르 나와 우리를 반겼다. 이전 마을에 소녀들이 없어서 그런지 여자아이의 등장이 특히 반가웠다.

한눈에 봐도 모든 아이가 가난과 영양실조에 시달리고 있었다. 얼굴에는 때가 덕지덕지 붙어 있고 옷은 남루하기 짝이 없었다. 하지만 미소는 그렇게 밝을 수가 없었다. 여자아이는 내 손을 잡고 나란히 걸었다. 문득, 여기서 그리 멀지 않은 아시아 지역에서 입양한 내 딸 매러가 생각났다. 아이의 손을 잡고 장난스럽게 걷던 나는 현지어를 할 수 없어 대신 미소로 마음을 전했다.

그 아이는 안타까울 정도로 말라 있었고, 배고픈 기색이 역력했다. 하지만 여정을 시작하기 전에 애런이 해 준 말이 떠올랐다. 애런은 사람들에게 음식을 주지 말라고 신신당부를 했다. 그의 팀은 깨끗한 식수와 충분한 음식을 포함해서 이 마을들의 필요를 다루기 위해 총체적 접근법을 사용하고 있었다. 그런데 한 아이에게 음식을 거저 주면 모든 아이들이 우르르 달려들고, 나중에는 그 부모들도 찾아올 수밖에 없다. 애런의 팀은 구호품이 생기는 대로 몇몇 사람에게 나눠 주면 장기적으로 도움이 되기는커녕 더 많은 문제를 일으킨다고 판단했다.

그런데 마을 끝자락이 가까워 오자 싱글거리며 내 손을 잡고 있던 나의 새 친구가 손을 쭉 내밀었다. 먹을 것을 달라는 의미였다. 내 배낭 안에는 초코바와 견과류가 들어 있었다. 이 음식을 나보다 훨씬 더 필요로 하는 아이의 얼굴을 보니 마음이 약해졌다. 하지만 애런의 지시가 기억나서 싫다는 말은 하지 못하고 억지로 미소를 지키며 천천히 고개를 내저었다. 아이는 간절한 얼굴로 다시 손을 내밀며 알아듣지 못할 말을 했다. 보나마나 "제발 뭐라도 먹게 주세요!"라는 말이었으리라.

나는 다시 최대한 웃어 보이며 가볍게 고개를 흔들었다. 그러자 순간 아이는 목소리를 높이며 내 배낭을 낚아채려고 했다. 반사적으로 나는 배낭을 아이에게서 멀리 떨어뜨렸다. 배고파 죽는 아이에게 음식을 주지 않고 뒤로 감추는 나는 무엇이란 말인가.

이런 와중에도 아이는 계속해서 내 손을 잡고 마을 끝까지 이르렀다. 다른 팀원들은 이미 떠났기 때문에 나도 서둘러 가야 했다. 그래서 아이의 손을 놓으려고 했지만 아이는 내 손을 놓지 않으려고 했다. 오히려 더 꽉 쥐었다. 이제 나는 아이의 손이 닿지 않게 배낭을 옆으로 뺄 뿐 아니라, 마을을 통과하는 내내 미소를 지었던 배고픈 소녀의 손까지 억지로 떼어내고 있었다.

결국 내가 손을 떼어 내자 아이의 표정이 순식간에 변했다. 아이는 절박감과 분노가 뒤섞인 눈으로 나를 노려보더니 느닷없이 침을 뱉으려고 했다. 하지만 입에 수분이 거의 없어서 침은 그만 그 아이의 턱에 떨어졌다. 나는 아이의 검은 눈을 바라보며 아무 말도 하지 못했다. 내 배낭에 있는 모든 것(최소한 뭐라도!)을 주고 싶은 마음이 굴뚝같았지만 이를 악물고 몸을 돌렸다. 그리고 뒤돌아보지 않았다. 나는 빨리 걸었다. 하지만 왜? 뭐가 두려워서? 무엇으로부터 도망치는가? 이 기분은 무엇인가?

나도 베풂에 관한 설교와 책에서 소수에게 베풀어 다수가 배제되지 않도록 조심하라는 말을 자주 해 왔다. 심지어 어렵고 힘든 사람들이 망가지지 않도록 지혜롭게 돕는 방법에 관한 어느 인기 서적에 추천사를 써 준 적도 있다. 하지만 이 순간 가난의 민낯 앞에서 무기력한 내 모습을 보니 내가 내내 주장하고 가르쳐 왔던 것이 하나도 옳게 느껴지지 않았다. 나는 이런저런 방법이 가난한 사람들을 돕기 위한 최선의 방법이 아니며 이런저런 이유로 이런저런 구호 프로젝트에 지원하거나 지원하지 말아야 한다고 쉽게 말하곤 했다.

물론 무엇을 하고 어떻게 나눠 줄지에 관해 신중히 판단할 필요성은 있다. 하지만 때로는 아무것도 주지 않고 도망치지 말고 '뭐라도' 해야 하지 않는가. 평생 이런저런 방법은 통하지 않고 최선이 아니라는 변명만 늘어놓으며 살 수는 없지 않은가. 최선의 방법을 알아내는 데 평생을 허비할 수는 없지 않은가.

몇 시간 뒤 하룻밤을 묵을 찻집에 도착했을 때 나는 거울을 들여다볼 수가 없었다. 그 굶주린 소녀가 봤던 얼굴, 손을 잡아 빼고 음식이 가득 든 배낭을 옆으로 잡아 빼던 사람의 얼굴, 말로는 가난한 사람들을 돌봐야 한다고 하면서 너무도 쉽게 가난한 사람들에게서 도망치는 사람의 얼굴. 도저히 그 얼굴을 보고 싶지 않았다.

영원의
시각으로

몸도 마음도 지친 나는 추위에 바짝 얼어붙은 몸을 녹이기 위해 서둘러 침낭으로 들어갔다. 손전등으로 불을 비추어 누가복음 4-6장을 읽었다. 이 구절은 예수님의 놀라운 선포로 시작하는데, 마치 하나님이 바로 그 순간 내가 읽도록 마련하신 구절 같았다.

[18]주의 성령이 내게 임하셨으니 이는 가난한 자에게 복음

을 전하게 하시려고 내게 기름을 부으시고 나를 보내사 포로 된 자에게 자유를, 눈먼 자에게 다시 보게 함을 전파하며 눌린 자를 자유롭게 하고 [19]주의 은혜의 해를 전파하게 하려 하심이라 하였더라(눅 4:18-19).

말씀을 읽어 내려가며 일기를 썼다.

예수님은 바로 이들을 위해 오셨다.
바로, 이 산에 있는 사람들을 위해서!
오늘 하루 동안 나는 가난한 자와 포로 된 자와
눈먼 자와 눌린 자를 만났다.
이 모든 사람들이 여기에 있다.
예수님, 주님은 이 모두에게 복음과 자유,
시력, 사랑을 주기 위해 오셨습니다.
그런데 왜 이들은 이 모든 것을 전혀 누리지 못합니까?

오, 하나님, 오늘 제 머릿속에는
수많은 "왜?"가 소용돌이치고 있습니다.
도무지 답을 모르겠습니다.

"무엇"이라는 질문도 가득합니다.

이런 고통 앞에서 무엇을 해야 할까요?

분명, 도망치는 것은 답이 아닙니다.

주님, 제 안에 있는 주님의 생명을 통해

가난한 자에게 복음을, 포로 된 자에게 자유가,

눈먼 자에게 시력의 회복이, 눌린 자에게 자유가,

절박한 육체적 고통 중에

주님의 은혜가 임하기를 원합니다.

[12]예수께서 한 동네에 계실 때에 온몸에 나병 들린 사람이 있어 예수를 보고 엎드려 구하여 이르되 주여 원하시면 나를 깨끗하게 하실 수 있나이다 하니 [13]예수께서 손을 내밀어 그에게 대시며 이르시되 내가 원하노니 깨끗함을 받으라 하신대 나병이 곧 떠나니라 [14]예수께서 그를 경고하시되 아무에게도 이르지 말고 가서 제사장에게 네 몸을 보이고 또 네가 깨끗하게 됨으로 인하여 모세가 명한 대로 예물을 드려 그들에게 입증하라 하셨더니 [15]예수의 소문이 더욱 퍼지매 수많은 무리가 말씀도 듣고 자기 병도 고침을 받고자 하여 모여 오되 [16]예수는 물러가사 한적한 곳에서 기도하시니라 (눅 5:12-16).

실로 절박한 육체적 고통이 아닐 수 없다.

이 이야기 속의 나병은 단순한 질병이 아니었다.

그것은 치명적인 전염병이었다.

그 병에 걸린 자들은 주변 사람들에게

가까이 다가가지 말라고 주의를 주어야 했다.

유대 법은 나병 환자들을 만지는 것을 금했다.

따라서 이 사람이 예수님께 다가온 것은

보통 큰일이 아니었다.

하지만 더 충격적인 것은 예수님의 반응이다.

예수님은 그냥 말씀만 하시지 않았다.

예수님은 세상 사람들은 절대 하지 않을 행동을 하셨다.

바로, 그를 직접 만지셨다.

다른 사람들처럼 그에게서 도망치지 않고

오히려 그에게 손을 뻗으셨다.

오, 하나님,

이 불쌍한 사람들에게서 도망치고 싶지 않습니다.

오히려 그들에게 달려가고 싶습니다.

가난한 사람들에게 다가가지 않고 도망쳤던 일을

모두 용서해 주십시오!

²⁴그러나 화 있을진저 너희 부요한 자여 너희는 너희의 위로를 이미 받았도다 ²⁵화 있을진저 너희 지금 배부른 자여 너희는 주리리로다 화 있을진저 너희 지금 웃는 자여 너희가 애통하며 울리로다 ²⁶모든 사람이 너희를 칭찬하면 화가 있도다 그들의 조상들이 거짓 선지자들에게 이와 같이 하였느니라(눅 6:24-26).

여기서 예수님은 충격적인 반전을 약속하신다.
내세에는 너무도 많은 사람이
이 땅에서의 삶과 전혀 다른 상황에 놓일 것이다.
가난한 사람을 모른 체한 부자들에게는
실로 두려운 약속이 아닐 수 없다.
그리고 나는 부자다.

오, 하나님,
제가 가난한 사람들을 무시하지 않게 도와주십시오.
영원을 바라보는 시각으로 살게 해 주십시오.
육체적으로 가난하고 굶주리고 신음하는 자들을 향한
주님의 사랑을 품고 살아가게 해 주십시오.

오, 하나님,

오늘 제가 만난 가난한 사람들을 위해 기도합니다.

그들을 도와주십시오!

제 삶이 이 기도가 응답되는 도구로 쓰이게 해 주십시오.

당신의 여행기

오늘 여행에서 마주한 현실들 가운데 무엇이 가장 가슴이 아팠는가?

절박한 육체적 고통 앞에서 주로 어떤 질문과 씨름했는가?

육체적으로 절박한 사람에게 등을 돌린 적이 있는가?

왜 그랬는가?

나중에 비슷한 상황에 처하면 어떻게 반응하고 싶은가?

: 가장 절박한 필요

DAY 3
영적 고통의
민낯을 마주하다

불쌍히 여기는
마음

더없이 포근한 침낭 안에서 꼭두새벽같이 깨어났을 때, 밖이 영하의 추운 날씨면 침낭 안에서 조금 더 뒹굴고 싶기 마련이다. 그래서 나는 침낭 안에서 성경책을 다시 꺼내 날이 밝기 전에 글을 썼다.

[11]그 후에 예수께서 나인이란 성으로 가실새 제자와 많은 무리가 동행하더니 [12]성문에 가까이 이르실 때에 사람들이 한 죽은 자를 메고 나오니 이는 한 어머니의 독자요 그의 어머니는 과부라 그 성의 많은 사람도 그와 함께 나오거늘 [13]주께서 과부를 보시고 불쌍히 여기사 울지 말라 하시고 [14]가까

이 가서 그 관에 손을 대시니 멘 자들이 서는지라 예수께서 이르시되 청년아 내가 네게 말하노니 일어나라 하시매 ¹⁵죽었던 자가 일어나 앉고 말도 하거늘 예수께서 그를 어머니에게 주시니 ¹⁶모든 사람이 두려워하며 하나님께 영광을 돌려 이르되 큰 선지자가 우리 가운데 일어나셨다 하고 또 하나님께서 자기 백성을 돌보셨다 하더라 ¹⁷예수께 대한 이 소문이 온 유대와 사방에 두루 퍼지니라(눅 7:11-17).

남편을 잃은 여인이 이제 하나뿐인 아들까지 잃었다.
1세기에 이런 여인에겐 아무런 희망도 없었다.
가족 중에 이 여인을 부양할 사람이 아무도 남지 않았다.
그래서 예수님은 이 여인을 보고 연민을 품으셨다.
그리고 그 연민으로 과부의 아들을 다시 살리셨다.
예수님은 죽음을 생명으로 바꿔 주셨다.
주님, 사람들을 향한 사랑과 죽음을 이기는 권세를 가지신 주님을 찬양합니다.

[40]예수께서 돌아오시매 무리가 환영하니 이는 다 기다렸음이러라 [41]이에 회당장인 야이로라 하는 사람이 와서 예수의 발 아래에 엎드려 자기 집에 오시기를 간구하니 [42]이는 자기에게 열두 살 된 외딸이 있어 죽어감이러라 예수께서 가실 때에 무리가 밀려들더라(눅 8:40-42).

예수님이 지금 이 마을들에 오시고
그분께 병자들을 고치는 능력이 있다는 소문이 퍼지는
상상을 해 본다. 2천 년 전과 마찬가지로
그분이 가시는 곳마다 많은 무리가 몰려들 것이다.

[43]이에 열두 해를 혈루증으로 앓는 중에 아무에게도 고침을 받지 못하던 여자가 [44]예수의 뒤로 와서 그의 옷 가에 손을 대니 혈루증이 즉시 그쳤더라 [45]예수께서 이르시되 내게 손을 댄 자가 누구냐 하시니 다 아니라 할 때에 베드로가 이르되 주여 무리가 밀려들어 미나이다 [46]예수께서 이르시되 내게 손을 댄 자가 있도다 이는 내게서 능력이 나간 줄 앎이로다 하신대 [47]여자가 스스로 숨기지 못할 줄 알고 떨며 나아

와 엎드리어 그 손 댄 이유와 곧 나은 것을 모든 사람 앞에서 말하니 [48]예수께서 이르시되 딸아 네 믿음이 너를 구원하였으니 평안히 가라 하시더라(눅 8:43-48).

예수님, 개개인을 향한 연민을 보여 주신
주님을 찬양합니다.
주님께는 모든 사람이 중요합니다.
이 산에서 제가 만난 사람들,
아니 제가 본 한 사람 한 사람을
사랑하시는 줄 믿습니다.
하나님, 이들 한 명 한 명을
예수님의 눈으로 보게 도와주십시오.

[49]아직 말씀하실 때에 회당장의 집에서 사람이 와서 말하되 당신의 딸이 죽었나이다 선생님을 더 괴롭게 하지 마소서 하거늘 [50]예수께서 들으시고 이르시되 두려워하지 말고 믿기만 하라 그리하면 딸이 구원을 얻으리라 하시고 [51]그 집에 이르러 베드로와 요한과 야고보와 아이의 부모 외에는 함께 들어가기를 허락하지 아니하시니라

⁵²모든 사람이 아이를 위하여 울며 통곡하매 예수께서 이르시되 울지 말라 죽은 것이 아니라 잔다 하시니 ⁵³그들이 그 죽은 것을 아는 고로 비웃더라 ⁵⁴예수께서 아이의 손을 잡고 불러 이르시되 아이야 일어나라 하시니 ⁵⁵그 영이 돌아와 아이가 곧 일어나거늘 예수께서 먹을 것을 주라 명하시니 ⁵⁶그 부모가 놀라는지라 예수께서 경고하사 이 일을 아무에게도 말하지 말라 하시니라(눅 8:49-56).

예수님, 오직 주님만이 죽음을 다스리고
생명을 주시는 줄 믿습니다.
주님 같은 분이 없습니다.
하지만 이 마을에서는 많은 사람(아니, 대부분의 사람)이
주님을, 주님의 이야기를 들어 본 적도 없습니다.
그들이 예수님을 알아야 합니다!
이번 여행에서 저희를 사용하여
그들에게 주님을 알려 주십시오.

침낭 안에서 일기장을 손에 들고, 성경 속의 이 장면이 오늘 우리의 여정에 어떻게 적용될까 하는 생각을 해 봤다.

좁은 길 위에서
만난 야크 떼

전날 입던 옷을 그대로 입은 채 자리에서 일어났다. 옷을 갈아입기에 날씨가 너무 춥기도 했고, 갈아입을 옷은 한 벌뿐이라 어차피 며칠은 버텨야 했다. 우리는 침낭을 개켜 다시 배낭에 넣고 찻집으로 향했다. 테이블에 둘러앉으니 곧 빵과 오믈렛, 차가 나왔고 애런이 간단한 브리핑을 했다.

"어제는 꽤 빠른 걸음으로 많은 거리를 걸어왔습니다. 하지만 오늘은 좀 천천히 걸을 생각입니다. 타플중(Taplejung)이라고 하는 낮은 지대로 내려갈수록 더 많은 사람들을 보게 될 거거든요."

배불리 먹고 충분히 쉰 우리는 다시 길을 나섰다. 길이 좁은 지점에서 왕래하는 사람들이 많아지면 여간 불편하지 않다. 앞서 말했듯이 능선을 따라 걷는 길은 그 자체로 위험하다. 그래서 반대편에서 다른 사람이 다가오는 상황은 참으로 위험천만인데 하물며 야크가 올 경우는 더 말할 것도 없다.

야크를 좀 소개하자면, 녀석은 농갈색 털을 가진 짐 나르는 짐승이다. 튼튼한 몸에 짧은 다리를 가진 녀석은 소와

생김새가 비슷하고, 혹한의 추위에서 견딜 수 있도록 온몸이 거대한 털로 덮여 있다. 뿔도 있다. 이곳에서는 어디를 가나 야크를 볼 수 있다. 이곳 주민들에게 야크는 없어서는 안 될 삶의 동반자다. 단백질을 비롯한 영양소가 듬뿍 담긴 야크의 젖은 그냥 마시기도 하고 스튜와 버터에도 사용한다. 녀석은 똥까지 버릴 데가 없는 요긴한 짐승이다. 똥을 밭의 비료와 난로의 연료로 사용한다. 야크의 다양한 부위를 음식 재료로 쓰고 털과 가죽은 옷과 담요로 사용한다. 그뿐만 아니라 야크는 물자를 수송하는 주된 수단이다.

목자들은 온갖 물품을 야크의 등에 싣고 그 목에 종을 단다. 그런 다음 한 줄로 연결된 야크 무리를 이끌고 길을 나선다. 야크는 놀랍도록 영민하고, 이 가파르고 좁은 길을 안정되게 오르내릴 수 있을 만큼 다리가 튼튼하다. 단, 느리게 걷는다.

산 옆의 좁은 능선을 따라 걷다가 어디선가 야크 종소리가 들리면 바짝 긴장해야 한다. 모퉁이를 돌면 열댓 마리가 죽 늘어선 야크 줄이 보인다. 수북이 짐을 싣고 걸어오는 야크들은 길을 양보할 생각이 추호도 없는 녀석들이다.

녀석들이 보이면 재빨리 산 옆으로 붙어야 한다. 다시 말해, 산비탈을 끌어안아야 한다. 그쪽 자리를 야크들에게 빼앗기면 절대 안 된다. 능선의 바깥쪽에 위치했다가 야크에게 받히기라도 하면 산 아래로 굴러 떨어질 수밖에 없다.

산을 끌어안은 채 이 야크들이 한 녀석씩 천천히 다 지나갈 때까지 기다려야 한다. 야크 무리의 뒤에는 녀석들이 계속해서 이동하도록 끊임없이 막대기로 찌르는 목자들이 있다. 야크 부대가 지나가면 평온이 찾아오지만 발밑을 조심해야 한다. 녀석들이 지나간 자리는 그야말로 똥 밭이다.

천장(Sky Burial)

잠시 후 길이 넓어지더니 빈터가 나타났다. 평평한 땅 위를 걷다 보니 길에서 20미터쯤 떨어진 곳에 커다란 돌무더기가 보였다. 우리는 가던 길을 잠시 멈추고 그곳을 자세히 살펴봤다. 돌들이 원형으로 쌓여 인간의 몸만큼 넓고 내 손이 닿을 만큼 높은 일종의 무대를 형성했다. 돌무더기 주위로는 얇은 나무 기둥들이 둘러져 있고, 그 기둥들에는 너덜너덜한 하얀 깃발이 붙어서 바람에 휘날렸다. 장례식을 치렀던 장소로 보였다. 애런이 우리를 한자리에 모아 그곳에서 있었던 일을 들려주었다.

"이곳에서 천장(天葬)이라는 의식이 벌어졌습니다. 불교에서는 사람이 죽으면 그 영혼이 다른 사람이나 동물, 물건으로 환생한다고 믿죠. 삶과 고통의 끝없는 순환 속에서 환생을 반복하다가 영혼이 열반 상태에 들어갈 수 있다고 믿습니다. 그래서 죽은 사람의 몸은 아무런 가치가 없습니다. 남은 사람들이 버려야 할 껍데기에 불과하죠."

애런은 잠시 말을 멈추고 돌무더기 쪽으로 더 가까이 다가갔다. "그래서 바위투성이 땅에서 힘들게 땅에 묻는 대신 불교 승려들에게 시체를 맡겨 이른 아침에 이런 장례 장소로 가져가게 합니다. 가족과 친구들도 오지만 멀찍이 떨어져 있습니다. 이런 의식을 치르는 승려를 시신 해체자(body breaker)라고 부릅니다."

"궁금한 게 있습니다. 불교도는 죽으면 다 그렇게 장례를 치르나요?" 시그스가 물었다.

"그렇지는 않습니다. 모든 사람을 이렇게 하지는 않고요, 요즘에는 이런 장례가 점차 줄어드는 추세입니다. 하지만 이 장소를 보면 최근에도 이런 장례를 치렀다는 걸 알 수 있습니다."

"그렇군요. 그렇다면 어떤 식으로 이루어지나요?"

시그스가 다시 물었다.

"승려들이 의식용 칼로 사지를 자르고 몸을 조각냅니다. 그렇게 자른 조각을 돌무더기 위에 놓으면 독수리들이 내려와 먹습니다. 독수리들이 살과 내장을 다 먹고 나면 이번에는 망치로 뼈를 부숩니다. 이 의식의 목적은 시신의 모든 부분을 버려서 하나도 남지 않게 만드는 것이죠."

상상만 해도 끔찍했다. 애런의 설명이 없었다면 이 돌무더기와 나부끼는 깃발을 아무런 느낌 없이 그냥 지나쳤을 것이다. 하지만 애런의 말에 우리 모두는 호기심 어린 눈으로 돌무더기를 쳐다봤다.

"이런 행위에는 종교적 의미가 담겨 있습니다. 이 산에 사는 불교도들은 이 의식이 사람의 영혼이 산의 정령이나 신에게 바쳐진 뒤에 새로운 환생으로 이동하는 것을 가시적으로 보여 주는 것이라고 믿습니다. 그들은 시체를 새들에게 먹이로 주고 자연에게 영양분을 공급하는 것이 세상을 향한 연민의 행위라고 믿죠. 그들은 이 의식을 통해 육체의 허무함과 고통의 영원한 순환에 대한 믿음을 표현합니다."

애런의 말을 들으며 천장이 이루어진다는 현장을 보면서 나의 관심이 어제와는 전혀 다른 쪽으로 향하기 시작했다. 어제는 육체적인 고통만 눈에 들어왔다. 한쪽 눈을 잃은 남자, 콜레라로 60명 이상이 죽은 사건, 아버지에게 죽도록 맞고 살이 지져지는 고통을 겪은 뒤 헛간에 갇힌 소년, 일곱 살의 어린 나이에 성 노예로 팔려간 소녀들, 굶주린 배를 움켜쥐고 내게 화를 냈던 여자아이……. 이런 육체적 필요도 매우 중요하지만, 이 아침 나의 관심은 영적 필요에 집중되었다. 불과 며칠 전에 남자 혹은 여자 혹은 아이의 몸을 자르고 부숴 새들에게 먹이로 준 현장 앞에 서 있자니 억장이 무너져 내렸다. 그 남자나 여자, 아이의 영혼이 지금 어디에 있을지를 생각하면 더더욱 가슴이 찢어졌다.

다시 말해, 이 장례 현장은 육체적 필요도 중요하지만 몸이 더 이상 중요하지 않은 때가 온다는 사실을 분명하게 상기시켜 주었다. 그 후의 상황이야말로 진정으로 중요하다. 바로 이것이 그 남자나 여자, 아이에게 중요하다. 바로 이것이 이 산에 사는 모든 사람에게 중요하다. 바로 이것이 나, 그리고 당신에게 중요하다. 그리고 이것은 지금만 중요한 것이 아니라 영원히 중요하다.

거짓말을
믿는 사람들

천장 현장을 떠나 다음 목적지를 향하면서 우리 일행은 아무 말없이 앞만 보며 걸어갔다. 산비탈 쪽에 붙어서 조심히 걸어가던 나는 다시 생각에 잠겼다. 생각할수록 기독교와 불교는 달라도 너무 달랐다. 처음 불교를 제대로 접했던 때가 생각났다. 어릴 적부터 믿어 온 기독교 신앙에 의문을 품기 시작하면서 당시 다니던 국립대학교에서 불교를 공부했다. 불교를 비롯해서 이슬람교와 힌두교, 애니미즘(animism), 무신론을 두루 공부하면서 내 믿음은 오히려 더 강해졌다. 하나님과 인간, 세상의 타락과 그리스도로 인한 소망에 관한 성경의 가르침을 더욱 깊이 믿게 되었다.

다양한 종교를 공부하다 보니 보편주의의 모순이 눈에 들어오기 시작했다. 모든 종교나 믿음이 겉보기에만 조금 다를 뿐 본질적으로는 똑같다는 식으로 말하는 사람들이 있다. 하지만 종교를 공부할수록 그것이 얼마나 틀린 말인지 분명히 알 수 있었다.

신이 없다고 믿는 무신론과 하나님을 믿는 기독교가 본질적으로 똑같다는 말은 비합리적인 수준을 넘어 우스꽝

스러운 말이다. 두 사람이 하나님에 관해 각자 다른 믿음을 가질 수는 있지만 두 믿음이 모두 옳을 수는 없다. 하나님은 존재하든지 존재하지 않든지 둘 중 하나다. 그래서 믿음이 얼마나 강한지와 상관없이 한 사람의 믿음은 진짜고, 다른 사람의 믿음은 가짜일 수밖에 없다.

예수님의 제자들은 하나님이 육신으로 오셔서 십자가에서 돌아가셨다고 믿는다. 반면, 마호메트의 제자들은 사람이 하나님일 수 없으며, 예수님이 '선한 사람'이기는 하지만 십자가에서 돌아가시지 않았다고 믿는다. 이런 믿음은 두 종교에서 가장 중요한 부분인데 서로 완전히 다르다. 예수님은 하나님이시거나 아니거나 둘 중 하나이며, 십자가에서 돌아가셨거나 아니거나 둘 중 하나다. 둘 다 맞을 수는 없다. 다시 말하지만, 10억 명은 한쪽을 믿고 10억 명은 다른 쪽을 믿는 것이 전혀 이상한 현상이 아니다. 하지만 분명 이 중 10억 명은 거짓을 믿는 것이다.

이 산길에서 나는 불교의 흔적들을 보면서 불교에 관해 전에 없이 많은 생각을 했다. 다음 마을에서 팀원들이 두 집으로 나뉘어 들어가 점심 식사를 할 때 불교가 어떤 종교인지 더 생생히 확인할 수 있었다.

따뜻한
환대

이 마을에서는 애런이 아는 사람이 꽤 많았다. 그래서 그는
두 집으로 나누어 들어가 점심 식사를 하자고 했다. 그리
하여 우리는 짐을 내려놓고 두 그룹으로 흩어졌다. 애런과
시그스, 크리스가 한 그룹을 이루었고 나와 나빈은 두 번째
집으로 향했다.

우리 두 사람은 방 하나짜리 집으로 들어갔다. 그 집의
양옆으로 똑같은 방 하나짜리 집이 한 채씩 붙어 있었다.
집은 2층으로 이루어져 있었다. 아래층에서는 가축들이 살
고 위층에서는 가족들이 사는 형태였다. 집은 돌과 나무,
투박하고 두꺼운 들보로 지어져 있었다. 우리는 사다리를
타고 가족들이 먹고 자고 생활하는 이층 방으로 올라갔다.
작고 이색적인 공간이었다.

천장이 워낙 낮아서 머리를 부딪치지 않도록 웅크리고
걸어가야 했다. 방은 포근했지만 어두웠고 땔감 타는 냄새
가 향냄새와 섞여 코를 찔렀다. 왼쪽을 보니 직사각형 난
로 안에서 작은 불이 피어올랐다. 난로 위에서는 무쇠 찻주
전자에서 물이 끓고 있었다. 방 한쪽 벽에는 가족들이 잠잘

때 쓰는 매트를 기대 놓았다. 창문이라고는 아주 작은 것 하나만 뚫려 있어 침침한 빛이 들어왔다.

나빈이 통역해 주어 서로 인사를 하고 나자 안주인이 들어와서 난로 옆에 앉으라는 손짓을 했다. 난로는 벽에 붙어 있어서 그 주위로 세 면에 사람이 앉을 수 있었다. 각 면의 앞에는 작은 매트가 놓여 있었다. 이곳에서는 집안의 가장 연장자가 가장 좋은 자리에 앉는 것이 전통이다. 가장 좋은 자리는 난로를 바라볼 때 오른쪽 자리다. 주인은 일하고 있었기 때문에 안주인은 그 자리를 나에게 권했다. 처음에는 부담스러워 거절했지만 부인이 계속해서 그 자리를 가리켜서 결국은 고개 숙여 감사를 표하고 앉았다.

그녀는 나와 나빈을 위한 차를 열심히 만들었다. 대화를 나눠 보니 이 부부에게는 세 살짜리 딸과 열두 살짜리 아들이 있었다. 잠시 뒤 딸이 사다리를 타고 올라왔다. 아이는 낯선 이방인들을 보자 수줍은 듯 엄마에게로 갔다. 정말 사랑스러운 아이였다. 우리가 웃어 보이자 이내 아이의 얼굴에도 미소가 번졌다.

부인은 우리에게 열두 살짜리 아들에 관한 이야기를 해 주었다. 그 아이가 다섯 살 때 절에 보내 승려가 되게 했다고 했다. 이 마을에서는 그렇게 장남을 출가시키는 것이 전통이었다. 그래서 그 아들은 절에 살고 특별한 경우에만 가족을 볼 수 있었다.

차를 만들던 부인은 길이가 약 1미터쯤 되는 두꺼운 원통형 나무 관을 꺼냈다. 부인은 수유(버터)를 큼직하게 한 덩어리 퍼서 관에 부었다. 그러고 나서 끓는 물주전자를 집어 수유가 있는 관에 부었다. 이어서 길고 두꺼운 도구를 관 안에 넣었다 빼면서 물과 수유를 섞었다.

부인이 다시 수유를 넣고 이 과정을 여러 번 반복하더니 마침내 수유차를 완성했다. 부인은 머그잔만 한 컵에 수유차를 부어 우리에게 건넸다. 이제 차가 충분히 식으면 마시면 되었다. 역시나 맛은 상상한 그대로였다. 버터와 뜨거운 물을 그냥 섞은 맛이었다. 잠시 뒤 부인이 야크 젖을 차로 내주겠다고 말했다. 하지만 차가 완성되려면 시간이 또 얼마나 걸릴지 몰라 정중하게 거절했다.

부인이 빵을 내오자 드디어 주인이 사다리를 타고 올라왔다. 우리는 재빨리 자리를 옮겨 주인에게 가장 좋은 자리를 내주었다. 서로 인사를 주고받고 나서 주인의 일과 가족의 일상에 관한 대화가 이어졌다. 우리는 한 손으로는 수유차를 홀짝이고 다른 한 손으로는 빵을 먹으면서 이 가족의 일상을 들었다.

그들은 새벽 네다섯 시에 일어나서 아침으로 차와 빵을 준비한다고 했다. 그 뒤에는 동틀 녘에 남편이 밭으로 일하러 나간다. 아내는 조금 뒤에 딸을 업고 나간다. 남편은 저녁 6시쯤 해가 지기 시작할 때까지 종일 밭에서 일하고 아내는 저녁을 준비하러 조금 더 일찍 집에 돌아온다. 물론 이런 일상은 날씨가 허락할 때만 가능하다. 겨울에 기온이 영하 15도 아래로 훌쩍 떨어지면 집 밖으로 아예 나가지 않는다. 그래서 길고 혹독한 겨울을 나기 위해 날이 따뜻할 때 하루 종일 곡식을 기르고 저장해 두어야 한다.

이야기를 듣다가 난로 위 선반에 놓인 책 한 권에 눈길이 닿았다. 그리고 그 옆에는 은잔 위의 네 촛불 뒤에 작은 불상이 놓여 있는 것이 불당처럼 보였다.

"저 책과 상은 뭔가요?"

내가 선반을 가리키며 묻자 주인 남자가 웃으며 설명했다. "부처님의 가르침을 담은 책입니다. 저희는 읽을 줄 몰라서 대신 읽어 줄 스님을 기다리고 있습니다. 언젠가는 제 아들이 읽어 줄 겁니다."

그렇게 말하는 남자의 얼굴에는 자부심이 가득했다. 이번에는 남자가 불당에 관해 설명했다. "저희가 아침마다 눈을 뜨면 가장 먼저 하는 일은 이 불상 앞에 향을 피우는 겁니다. 이 은잔에 물을 채우고 그 위에 떠 있는 초에 불을 붙입니다."

"왜 아침마다 그러는 거죠?"

"내세에 좋은 삶을 살고 싶어서요."

주인 남자가 말하자 부인은 희망찬 미소로 그를 바라보며 이렇게 말했다.

"지금보다 좋은 삶이요."

남자는 고개를 끄덕이고 나서 내게 물었다. "당신도 그렇지 않나요?"

어색한 침묵이 흐른 뒤 내가 대답했다. "아뇨, 저는 그렇지 않습니다."

나는 하나님과 예수님에 관해 간단히 설명할 생각으로 물었다. "예수님에 관해 들어 보셨나요?"

전날 만났던 카말처럼 이 부부도 그저 잘 모르는 다른 마을 사람을 생각하는 듯했다. 그들은 예수님에 관해 들어 보지 못해 그분이 누구인지 전혀 몰랐다. 내가 예수님을 설명하려는데 순간 여러 상황이 집중을 방해했다. 누군가가 밖에서 주인 남자를 부르자 그가 양해를 구하고 자리를 떴다. 부인은 잠시 딸에게 끌려갔다가 돌아오자마자 또다시 우리한테 줄 빵과 차를 준비했다.

나빈이 이제 그만 가는 게 좋겠다고 해서 나는 부인의 호의를 정중히 거절했다. 하지만 부인은 내 반응을 좋다는 뜻으로 받아들여 내 컵에 수유차를 더 부으려고 했다. 나는 손을 들어 "충분히 마셨어요"라고 말했는데 그녀는 여전히 더 달라는 뜻으로 알아듣고 차를 더 부으려고 했다. 한참을 코미디 같은 실랑이가 벌어지고 나서 그녀는 빙그레 웃고 나는 너털웃음을 터뜨렸다.

그제야 나빈이 설명했다. "잔 위에 손을 덮으면 그만 마시겠다는 뜻이에요."

나빈의 말대로 잔 위에 손을 덮고 최대한 정중하게 "고맙습니다"라고 말하자 그제야 부인은 환하게 웃으며 차가 담긴 관을 내려 놓았다.

우리는 자리에서 일어서면서 부인의 환대에 몇 번이나 감사를 표시했다. 그러고 나서 집 아래로 내려가 우리 짐이 있는 쪽으로 걸어갔다. 가다가 문득 몸을 돌려서 보니 엄마와 딸이 사다리 꼭대기에서 우리를 바라보며 웃고 있었다.

듣지 못해서
믿지 못하는 사람들

길 위의 돌들을 요리조리 피해 가며 그 마을을 떠나면서 이
부부와 우리 부부 사이의 많은 공통점을 생각했다. 둘 다
가족을 사랑하고 자녀를 사랑하며 가족을 부양하기 위해
열심히 일한다. 물론 이 부부의 밭일이 내가 해 온 어떤 일
보다도 훨씬 더 힘들 거라고 생각한다. 둘 다 강한 믿음을
갖고 있다. 그리고 서로의 믿음은 완전히 다르지만 각자의
믿음을 아침부터 저녁까지 실천하려고 노력한다.

하지만 도저히 이해할 수 없는 큰 차이점이 하나 있다.
왜 우리 부부와 달리 이 부부와 자녀들, 그리고 그들의 조
상들은 다른 믿음과 삶의 길이 있다는 사실을 전혀 듣지 못
했을까? 그들이 새벽 의식에 관해 말할 때 보니 세상 모든
사람이 자신들과 같은 관념을 믿고 같은 의식을 치른다고
생각하는 것이 분명했다. 삶과 고통과 죽음이 끝없이 반복
되는 환생. 계속해서 촛불을 켜다 보면 죽어서 더 좋은 삶
을 얻는다는 믿음. 그들은 세상 모든 사람이 이것을 믿는
줄로 알았다.

하지만 그렇지 않다면? 물론 이 불교 신앙이 사실인데

내가 믿지 않으면 그 결과를 감수해야 한다. 하지만 그렇다 해도 최소한 내게는 '선택권'이 있었다. 하지만 그 부부와 아들, 딸은 선택권이 없었다. 누구도 그들에게 또 다른 믿음과 삶의 길이 있다는 말을 해 주지 않았다. 그래서 그들은 자신들의 신앙이 틀렸다면 이생, 그리고 무엇보다도 내세에 관한 자신들의 희망이 모두 헛되다는 점을 전혀 생각해 보지 못한 채 매일 똑같은 의식을 치르며 살아가고 있었다.

내 마음속에서 다른 질문들도 뭉게뭉게 피어올랐다. 나는 예수님이 진리라고 믿어 의심치 않는다. 나는 하나님이 세상을 지극히 사랑하여 육신을 입은 하나님인 예수님을 보내 우리 죄의 대가로 십자가에서 죽게 만드셨다고 분명히 믿는다. 나는 예수님이 부활을 통해 죄를 이기셨기 때문에 그분을 믿는 사람은 누구나 영생을 얻는다고 믿는다.

하지만 왜 2천 년이 지난 지금까지도 이 소식을 듣지 못한 사람이 세상에 그토록 많은 이유를 도무지 이해할 수 없었다. 성경은 하나님이 아무도 멸망하기를 원치 않으신다고 말한다. 하나님은 모든 사람이 그분의 사랑을 믿기를 얼마나 바라시는지 모른다. 하지만 그 사랑에 관해 들어 보지도 못한 사람들이 어떻게 그 사랑을 믿을 수 있겠는가.

이 마을 사람들은 매일같이 거대한 산을 통해 하나님의

영광을 본다. 내가 이런 의문에 휩싸인 순간에도 주변은 온통 장엄함으로 가득했다. 내가 걷던 길을 둘러싼 숨 막히는 경관들을 말로 표현해 보고 싶지만 그것은 그랜드캐니언의 아름다움을 종이 위에 글로 쓰는 것만큼이나 불가능한 일이다. 웅장한 자연 경관은 말만으로는 다 표현할 수 없다.

내가 그 길을 걷는 내내 모든 피조 세계가 창조주의 영광을 외치고 있었다. 하지만 그 경관이 아무리 아름답다 해도 창조주의 깊은 사랑을 전하기에는 충분치 못하다. 이 웅장한 산들이 2천 년이 넘도록 하나님의 영광을 선포해 왔다 해도 예수님에 관해서는 단 한마디도 해 주지 않았다. 하나님은 그 마을 모든 사람에게 자신의 위대하심을 드러내셨지만, 그 마을에서 그분의 은혜에 관해 들어 본 사람은 거의 없었다.

도대체 왜?

지옥을 들여다보는 창문

온갖 질문이 내 머릿속을 떠도는 가운데 한 산비탈을 구비 구비 내려가 강 쪽으로 향했다. 저 아래 강을 따라 연기가 피어오르는 것이 보였지만 이유는 알 수 없었다. 가까이 다가갈수록 더 많은 사람이 강가에 모여 있는 것이 보였다. 무슨 특별한 일이 벌어지는 것이 틀림없었다. 그리고 우리는 곧 충격적인 장면을 목격했다.

강에 가까이 이르니 한 무리의 젊은이들이 하얀 천에 싸인 시체처럼 보이는 것을 나르고 있었다. 이윽고 그들이 강 위로 5미터쯤 되는 곳에 설치된 단 위에 시체를 놓았다. 사람들이 곡하는 모습을 보고서 비로소 그 단이 화장용 장작더미인 줄을 알았다. 시체가 장작더미 위에 놓이자 한 노인이 횃불을 켜서 시체의 팔다리와 머리에 불을 붙였다. 하얀 천이 순식간에 새까매지면서 시체에 불이 붙었다. 누런 불길이 공중으로 치솟고 검은 연기가 푸른 하늘을 물들였다.

애런이 우리 뒤로 걸어와 무슨 일인지를 설명해 주었다. 이것은 힌두교 의식이었다. 이 지역의 힌두교도들은 이 강을 거룩하게 여긴다. 그래서 가족이나 친구가 죽으면 24시간 안에 시체를 이 강으로 옮겨 와 화장한다. 그들은 시신을 태운 재가 강에 떨어지면 망자의 환생이 원활해진다고 믿는다.

일행들은 애런에게 이런저런 질문을 했지만 나는 멀찍이 떨어져 혼자 앉았다. 타오르는 시체에서 눈을 뗄 수 없었다. 활활 타오르는 불꽃을 뚫어져라 보면서 내가 믿는 바에 관해 생각했다. 내가 설교하는 성경의 가르침에 관해 생각했다. 예수님을 믿지 않는 모든 사람은 영원한 지옥에서 죄의 대가를 치른다는 가르침.

지옥. 예수님이 의식이 살아 있는 채로 받는 고문으로 묘사하신 곳. 바깥 어두운 데. 불같은 고통. 성경의 여러 구절에서 지옥을 영원히 벗어날 수 없는 불못(lake of fire)으로 묘사한다. 어떤 이들은 성경에 적힌 지옥에 관한 묘사들이 그저 상징일 뿐이라고 주장한다. 그들은 이런 성경의 언어가 문자 그대로를 의미하지는 않는다고 말한다.

하지만 설령 그렇다 해도 이런 질문을 던져야 마땅하다. 지옥에 관한 이런 상징이 무엇을 묘사하는가? 겨울 휴양? 여름 휴가? 이런 상징이 좋은 곳을 묘사하지 않는 것만큼은 분명하다. 오히려 끔찍한 곳을 묘사한다. 그리고 상징의 목적은 말로 표현할 수 있는 것보다 더한 상황을 표현하는 것이다. 따라서 지옥을 그린 성경의 묘사가 그저 상징이라고 해도 전혀 위로가 되지 않는다.

나는 그 강둑에 앉아 시름에 잠겼다. 내가 믿는 것이 사실이라면 그 순간 나는 영적 현실의 육체적인 표현을 보는 셈이었다. 불타는 저 사람은 24시간 전만 해도 살아 있었지만 지금은 지옥 곧 영영 탈출할 수 없는 영원한 불 속에서 신음하고 있었다. 뒤이어 더 끔찍한 생각이 나를 강타했다. 이렇게 화장되어 지옥에 가 있는 수많은 사람이 대개는 천국에 가는 법을 한 번도 들어 본 적이 없었을 것이다. 이들은 예수님이 우리를 죄에서 구해 주실 수 있다는 사실을 들어 본 적이 없다.

정녕 이 땅에서 천국에 관해 한 번도 들어 본 적이 없는 사람들이 모두 영원한 지옥에 가는가? 나는 복음을 듣지 못한 사람들의 운명이 영원한 형벌이라고 수백 번은 설교했고, 책에도 썼다. 하지만 복음을 듣지 못한 채 불길에 휩싸인 '저 사람'을 실제로 보던 그 순간, '그런 사람들'의 운명이 수십 배는 더 무겁게 나를 짓눌렀다. 어제만 해도 이 사람은 살아 있었다. 마치 창문을 통해 지옥을 들여다보는 기분이었다. 내 눈앞에 펼쳐진 그 광경이 도무지 믿기질 않았다.

그 산맥에서 내내 하나님의 영광에 둘러싸여 있으면서도 나는 하나님의 자비를 찾지 못해 혼란스러웠다.

두 가지
선택 사항

퍼뜩 정신을 차리고 주변을 돌아보니 나 혼자였다. 다른 일행들은 벌써 강 건너편에서 길을 걷고 있었다. 벌떡 일어나 그쪽으로 달려갔다. 애런은 나를 내내 주시하고 있었던 것처럼 내가 따라오도록 발걸음을 늦추며 말을 건넸다.

"괜찮아요?"

"아뇨, 전혀요."

"무슨 생각을 하셨어요?"

"이해할 수가 없어요. 저는 천국과 지옥에 관한 성경의 모든 가르침을 확실히 믿어요. 복음을 듣지 못한 채 죽은 사람들의 운명에 관해서 제가 설교하고 글로 쓴 내용을 분명히 믿어요. 그런데 왜 지금 본 것은 믿기가 힘들죠?"

애런이 공감하는 눈빛을 보내 왔다.

"지옥이 있다고 믿는 사람들 중에 그 믿음 때문에 전혀 괴로워하지 않는 사람은 본 적이 없어요. 지옥을 생각하며 전혀 괴로워하지 않는다면 지옥을 진정으로 믿는 게 아니죠."

"그런데 왜죠? 복음이 사실이라면 왜 지구상에 그 복음을 한 번도 들어 보지 못한 사람이 그토록 많은 거죠?"

나는 마치 이 질문을 처음 던지는 사람처럼 혼란스러운 표정으로 말했다.

"저도 그게 의문입니다."

둘 다 잠시 말없이 걷다가 애런이 먼저 입을 열었다. "저는 지옥에 대해 이런 결론을 내렸습니다. 이곳에 오는 모든 사람은 삶과 믿음에 대해 두 가지 선택 사항에 이릅니다."

"어떤 선택 사항들이죠?"

"첫 번째 선택 사항은 성경을 믿는 믿음을 버리는 겁니다. 불타는 시체를 보며 지옥은 없다고 결론을 내리는 거죠. 혹은 예수님을 믿지 않아도 천국에 갈 수 있다고 결론을 내리는 겁니다. 하지만 이걸 믿는 건 곧 성경을 믿지 않는 겁니다. 따라서 둘 다 결국 한 가지 선택 사항이죠."

"두 번째 선택 사항은 뭔가요?"

"두 번째 선택 사항은 성경을 믿는 겁니다. 그리고 영적으로 절박한 상황에 빠진 세상에서 하나님의 진리와 사랑을 선포함으로써 그 믿음을 실천하는 겁니다. 육체적인 상황도 중요하지만 영적 상황이야말로 가장 시급한 상황입니다."

"하지만 어제 엄청난 육체적 고통을 보셨지 않습니까? 또한 당신은 그 고통을 줄이기 위해 고군분투하고 있지 않습니까? 그런데 육체적 상황이 중요하지 않다니요?"

내가 정색을 하고 물었다.

"아뇨, 제 말을 오해하셨군요. 육체적 고통을 줄이는 일도 매우 중요합니다. 콜레라에 쑥대밭이 된 이 마을에 정수 필터와 의약품, 위생 시설을 제공하는 일은 정말 시급한 일이 맞습니다."

"바로 그렇습니다."

내가 계속해서 말하려는데 애런이 말을 끊었다.

"하지만 정수 필터가 아무리 도움이 된다 해도 누구 하나 천국에 보내 줄 수는 없습니다. 의약품이나 위생 시설도 마찬가지고요. 그래서 이 마을에 가장 필요한 것은 영생으로 가는 구원의 진리입니다."

가장 중요한
필요

애런이 이 말을 한 직후 저 앞에서 누군가 그를 불렀다. 그 즉시 애런은 그를 돕기 위해 달려갔다. 혼자 남은 나는 그날 있었던 일들을 돌아보며 그날 밤을 보낼 마을을 향해 걸어갔다.

육체적 필요와 영적 필요 사이의 관계에 관해 고민하다가 문득 몇 달 전에 강사로 참여했던 한 콘퍼런스가 생각났다. 수백 개 나라에서 찾아온 천여 명의 젊은 기독교 리더들이 모인 자리에서 20분간 메시지를 전했다. 그런데 강연 중에 참여자들이 강연에 관해 대화할 수 있는 SNS 플랫폼이 마련되어 있는 줄은 몰랐다. 강연을 마치고 나서야 내 발언이 온갖 종류의 논쟁을 낳았다는 사실을 알았다.

그날 나는 내가 지금 이 산길을 걸으며 씨름하는 문제들에 관해 이야기했다. 즉 영원한 지옥이 실재하기 때문에 복음을 듣지 못한 사람들에게 복음을 전하는 일이 최우선이라고 말이다. 성경의 가르침대로 지옥은 현실이고 영원히 지속되며, 그것이 복음 전도가 교회의 최우선 과제인 이유라고 목소리를 높였다.

내 강연이 끝난 뒤 여러 참여자들이 찾아와 지옥이 실제로 존재하고 정말로 영원히 지속되는지 아닌지에 관한 논쟁을 벌였다. 그들 중 일부는 자비 사역과 사회 정의 활동들이 복음 전도보다 더는 아닐지라도 그에 못지않게 중요하다고 주장했다. 그날 콘퍼런스 장소에서만이 아니라 그 후로도 몇 주 동안 콘퍼런스 관계자들과도 토론을 벌였다. 그들 중 몇몇은 내 강연 주제에 매우 관심이 많았다. 그때 참으로 의아했던 기억이 난다. 기독교 콘퍼런스에서 성경적인 지옥의 개념과 복음 전도의 중요성이 왜 그렇게도 극심한 논쟁의 대상이 될까?

그런데 그로부터 몇 달이 지나 이 길에서 충격적인 광경들을 보면서 이 기독교 리더들의 마음이 더 깊이 이해가 갔다. 전날, 직접 가까이서 보니 육체적 필요를 다뤄 줄 사회 정의 행동과 자비 사역이 참으로 절실하게 느껴졌다. 그리고 이날은 영원한 지옥의 현실이 내 가슴을 전에 없이 무겁게 짓눌렀다. 정말이지 그 순간만큼은 지옥에 관한 성경의 가르침이 거짓이었으면 좋겠다는 생각마저 들었다. 여전히 불타는 그 시체의 영혼이 영원한 지옥에 있지 않기를 바랐다. 하지만 두 가지 선택 사항이 있다는 애런의 말에 정신이 번쩍 들었다.

첫째, 나는 성경을 불신할 수 있다. 하나님의 말씀이 참이 아니라고 말할 수 있다. 혹은 하나님의 길이 옳지 않다고 에둘러서 표현할 수도 있다. 내가 하나님보다 연민이 많아서 내가 하나님이라면 지옥 따위는 만들지 않을 거라고 주장할 수 있다. 다시 말해, 내가 하나님보다 낫고, 무엇이 옳고 좋은지에 관한 성경의 가르침보다 나의 판단이 더 낫다고 생각할 수 있다.

이 선택 사항에 관해 생각할수록 그것이 죄의 본질이라

는 사실이 깨달아졌다. 창세기로 거슬러 올라가면, 피조물이 창조주보다 더 지혜롭다고 생각할 때 세상에 죄가 들어왔다. 남자와 여자가 무엇이 좋은지에 관한 자신들의 판단이 옳고 하나님이 틀렸다고 생각할 때 죄가 세상에 들어왔다.

내게 주어진 다른 선택 사항은 하나님과 그분의 말씀을 믿고, 영적으로 절박한 세상에서 예수님의 진리와 사랑을 전함으로써 그 믿음을 실천하는 것이다. 물론 이런 노력에는 사회 정의에 초점을 맞춘 자비 사역을 통해 육체적 필요를 채워 주는 일도 포함된다. 하지만 정수 필터나 의약품, 위생 설비 같은 자원 지원은 이생에서의 삶에는 극히 중요하지만 사람을 천국으로 안내해 주지는 못한다. 그리고 일시적인 육체적 고통이 아무리 심해도 영원한 고통에 비할 바가 못 된다.

죽음 너머의
소망

하룻밤 묵을 마을에서 일행을 만났을 때 오늘 새벽에 읽었던 누가복음 7-8장 이야기들이 생각났다. 사람들이 죽었다가 살아난 기적에 관한 이야기들 말이다. 이 기적 즉, 육체적 죽음 너머의 소망이야말로 히말라야 사람들을 비롯한 우리 모두에게 가장 필요한 것이라는 생각이 들었다. 우리 모두는 죄를 지었기 때문에 언젠가는 죽는다. 이는 모든 사람이 죽음까지도 다스리시는 분에 관해 듣고 그분을 믿어야 한다는 뜻이다.

저녁 식사 후 우리는 따뜻한 침낭 속으로 들어갔다. 나는 기도와 간구로 하루를 마무리하고 잠이 들었다.

하나님, 저는 주님의 말씀을 믿겠습니다.
감히 다 이해한다고 말하지는 못하겠지만
그래도 믿기로 선택합니다.
오직 예수님만이 죽음을 이기고
생명을 주실 권세가 있음을 믿습니다.
하나님, 이것이 사실이라면
이곳 사람들은 무엇보다도 예수님을 알아야 합니다.
이것을 아시는 줄 압니다.
저는 이것을 전에 없이 분명히 깨달았습니다.
그래서 전에 없이 간절히 간구합니다.

이 산에서 주님의 자비를 보여 주십시오!

하나님, 지금 주님의 자비를 보여 주십시오!

또 다른 천장이 시작되기 전에!

더 많은 사람이 한낱 불상 앞에서 향을 피우는 의식에

모든 희망을 건 채 살다가 죽기 전에!

더 많은 사람이 화장용 장작더미 위에 놓이기 전에!

그 전에 역사해 주십시오.

하나님, 이 사람들이 예수님의 사랑과 능력, 불쌍히

여기심, 권세와 이름을 모르고 살아온 지

너무 오래되었습니다.

제발 하나님,

제발 이곳에서 주님의 구원을 보여 주십시오.

세상의 가장 절박한 필요는 주님과 함께하는

영원한 삶이며 이 필요에 대한 답은 복음인 줄 압니다.

오, 하나님, 이 복음을 모든 사람에게 전하는 일에

제 삶을 온전히 사용하여 주십시오.

당신의 여행기

영적 필요가 육체적 필요보다 더 중요하다고 생각하는가?

이 질문에 대한 답 앞에서 당신의 일상이 어떻게 달라져야 할까?

세상에 예수님에 관해 들어 보지 못한 사람이 수없이 많다는 현실을

어떻게 받아들이겠는가?

이런 현실 앞에서 당신의 삶이 어떻게 달라져야 할까?

: 세상을 바꾸는 복음 공동체

DAY 4
어둠 속에서 산을 오르는
작은 빛들을 보았다

하루가

시작되기 전에

우리는 길을 따라 있는 찻집들에 딸린 작은 방들에서 잠을
잤다. 각 방에는 침대가 놓여 있었다. 침대라고 해 봐야 나
무 단 위에 얇은 매트 한 장을 깐 것이 전부였다. 침대 옆
바닥에는 배낭을 놓을 작은 공간이 있었다. 벽은 바닥과 마
찬가지로 가벼운 목판으로 이루어져 있어서 걸을 때마다
삐거덕거렸다. 그래서 한밤중에 꽤 소음을 내지 않고서는
화장실에 갈 수 없었다.

　하지만 굳이 소음이 아니더라도 그 여행 중 한밤중에
화장실에 가는 것은 가장 하기 싫은 일 가운데 하나였다.
일단 침낭 속에 들어가서 지퍼를 올리고 나면 절대 나오고

싫지 않기 때문이다. 그 지역에서 한밤중 침낭 밖 온도는 영하였다.

밤에 방에 들어가면 칠흑같이 어둡다. 전기는 구경조차 할 수 없기 때문에 뭐라도 보려면 헤드램프를 써야 한다. 혹시라도 밤을 함께 보내려는 생물체는 없는지 작은 방 안을 샅샅이 뒤진다. 히말라야의 깡충거미들은 해발 7,000미터 높이 산에서도 사는 세상에서 가장 유명한 장기 투숙자들이다. 녀석들은 꽤나 매력적인 생명체들이지만 나는 녀석들과 한 방을 쓸 마음이 추호도 없다.

다행히 아무 생명체도 보이지 않으면 짐을 내려놓고 침낭을 꺼낸다. 침낭을 매트 위에 놓고 잠잘 준비를 한다. 준비가 되면 신발과 재킷을 벗고 최대한 신속하게 침낭 속으로 뛰어든다. 침낭에 들어가자마자 작은 숨통만을 남긴 채 얼굴까지 지퍼를 올린다.

그러면 점점 온기가 올라온다. 침낭 안에 갇힌 열이 하루 종일 느끼지 못했던 온기를 일으킨다. 그 온기에 하루 종일 몇 킬로미터를 걸어온 몸이 잠드는 데는 오랜 시간이 걸리지 않는다. 나무판 틈 사이로 햇빛이 들어와 다시 길을 떠나야 할 시간이 올 때까지 한 번도 깨지 않고 푹 자면 더할 나위 없이 좋다.

새 날을 알리는 햇살이 나를 깨웠지만 나는 바로 추위 속으로 나갈 마음이 없었다. 그래서 성경책을 읽고 일기장에 글을 쓸 수 있을 만큼 침낭의 지퍼를 살짝만 내렸다. 그날 아침에는 누가복음 10장, 그중에서도 다음 이야기에 깊이 빠져들었다.

²⁵어떤 율법교사가 일어나 예수를 시험하여 이르되 선생님 내가 무엇을 하여야 영생을 얻으리이까 ²⁶예수께서 이르시되 율법에 무엇이라 기록되었으며 네가 어떻게 읽느냐 ²⁷대답하여 이르되 네 마음을 다하며 목숨을 다하며 힘을 다하며 뜻을 다하여 주 너의 하나님을 사랑하고 또한 네 이웃을 네 자신같이 사랑하라 하였나이다 ²⁸예수께서 이르시되 네 대답이 옳도다 이를 행하라 그러면 살리라 하시니
²⁹그 사람이 자기를 옳게 보이려고 예수께 여짜오되 그러면 내 이웃이 누구니이까 ³⁰예수께서 대답하여 이르시되 어떤 사람이 예루살렘에서 여리고로 내려가다가 강도를 만나매 강도들이 그 옷을 벗기고 때려 거의 죽은 것을 버리고 갔더라 ³¹마침 한 제사장이 그 길로 내려가다가 그를 보고 피하

여 지나가고 [32]또 이와 같이 한 레위인도 그 곳에 이르러 그를 보고 피하여 지나가되 [33]어떤 사마리아 사람은 여행하는 중 거기 이르러 그를 보고 불쌍히 여겨 [34]가까이 가서 기름과 포도주를 그 상처에 붓고 싸매고 자기 짐승에 태워 주막으로 데리고 가서 돌보아 주니라 [35]그 이튿날 그가 주막 주인에게 데나리온 둘을 내어 주며 이르되 이 사람을 돌보아 주라 비용이 더 들면 내가 돌아올 때에 갚으리라 하였으니 [36]네 생각에는 이 세 사람 중에 누가 강도 만난 자의 이웃이 되겠느냐 [37]이르되 자비를 베푼 자니이다 예수께서 이르시되 가서 너도 이와 같이 하라 하시니라(눅 10:25-37).

이 구절을 묵상하면서 일기장에 다음과 같이 썼다.

하나님, 사랑합니다.
오늘 하루를 시작하기 전에 이 침낭 안에 누워
주님의 놀라우심과 저를 향한 사랑에
깊은 감격을 느낍니다.
저를 향한 하나님의 사랑의 신비를
다 이해할 수는 없지만 한없이 감사드립니다.

제 마음과 목숨, 힘, 뜻을 다해 주님을 사랑하고 싶습니다.
그리고 주님이 명령하신 대로 다른 사람을
저 자신처럼 사랑하고 싶습니다.
그런 사랑이 구체적으로 무엇을 의미하는지
제게 가르쳐 주십시오.

이 글을 마칠 즈음 사람들이 일어나 움직이는 소리가 들렸다. 한마디로 삐거덕거리는 소리가 집 안에 가득했다. 곧 아침 식사를 해야 하기에 누가복음 11장은 나중에 읽기로 하고 침대에서 나왔다. 다른 일행들처럼 나도 침낭을 접고 모든 짐을 배낭에 쑤셔 넣은 뒤에 차와 빵, 오믈렛을 먹으러 찻집으로 걸어갔다.

밖에는 눈이 왔다. 모두가 재킷과 장갑, 모자를 착용한 채로 아침 식탁에 둘러앉았다. 간밤에 포근하게 잘 자서 다시 추위로 나가고 싶지 않은 기색이 역력했다. 덜덜 떨며 반쯤 감긴 눈으로 잡담을 나누는데 입을 열 때마다 하얀 김이 공중으로 흩어졌다. 누군가가 마살라 차이를 잔에 부을 때마다 연기처럼 김이 올라갔다. 우리 모두는 따뜻한 잔을 양손으로 쥐고 차와 음식을 즐겼다.

아침 식사가 끝나자 애런이 그날 일정을 브리핑했다. "오늘은 길고 긴 오르막길을 걸어 가사(Gasa)라고 하는 지

역을 통과할 겁니다. 식당에 들러서 점심 식사를 하지 않을
거예요. 그러니 물을 충분히 마시고, 가면서 먹을 수 있도
록 간식을 좀 챙기세요."

　모두가 애런이 말한 간식거리를 찾느라 배낭을 뒤적거
렸다.

　"참, 오늘은 발걸음을 특히 조심하셔야 합니다. 정말 좁
고 가파른 길들을 만날 거예요."

　이 말을 끝으로 애런은 "출발!"을 외쳤다. 그 즉시 우리는
배낭을 메고서 눈이 수북이 쌓인 길 위로 한 발을 내딛었다.

마음의
문제

길을 나선 지 얼마 되지 않아 길이 좁아지는 바람에 서로
나란히 걸으며 이야기할 수 없었다. 사실, 그날 아침에는
다들 말이 별로 없었기 때문에 한동안 혼자 상념에 잠겨서
걷는 걸 싫어하지 않는 눈치였다. 게다가 미끄러운 눈길에
발걸음 하나마다 신경을 집중해야 했기 때문에 서로 말할
정신도 없었다.

걷다 보니 내 마음이 자꾸만 누가복음 10장 이야기로 돌아갔다. 그 유대 율법 전문가는 정말 좋은 질문을 내놓았다. "내가 무엇을 하여야 영생을 얻으리이까?"(25절) 이 여행 중에 본 것들을 돌아볼수록 이 질문이야말로 가장 중요한 질문이라는 생각이 들었다. 예방 가능한 질병에서 콜레라 발발의 결과, 그리고 천장에서 화장까지 두 눈으로 보고 나니 나는 물론이고 이 산에 사는 사람들 한 명 한 명의 삶에 이보다 더 중요한 질문은 생각나질 않았다. 아니, 이 질문이야말로 세상에서 가장 중요한 질문이다.

하지만 우리는 훨씬 더 사소한 질문에 정신을 팔기가 얼마나 쉬운가. 예를 들면 이런 질문들이다. "최신 뉴스는 무엇인가?" "현재 유행은 무엇인가?" "누가 SNS에 무슨 글을 올렸는가?" "노후 대책을 어떻게 세울 것인가?" "내가 응원하는 스포츠 팀이 올해에는 좋은 성적을 거둘까?" 이 산악지대에서의 경험으로 이런 질문이 얼마나 사소한지를 절실히 깨달았다.

예수님은 율법교사의 질문에 다시 질문으로 답하셨다. 나는 누가 내게 이렇게 하는 걸 지독히 싫어한다! 하지만 예수님은 이런 답변의 대가이시다. 특히, 종교 지도자들에게 이런 답변을 자주 사용하셨으며 그 모든 상황에는 이유가 있었다. 율법교사는 예수님이 알려 주신 첫 번째와 두 번째로 큰 계명(하나님을 사랑하고 이웃을 사랑하라)을 인용하여 정답을 내놓았다. 이에 예수님은 칭찬을 해 주셨다. 예수님 이 말씀하셨다. 온 마음으로 하나님을 사랑하고 이웃을 자신처럼 사랑하면 영생을 얻을 수 있다.

내 일기장에 썼듯이 나는 온 마음으로 하나님을 사랑하고 싶고 그분의 사랑에 깊이 감사한다. 하지만 두 번째 명령인 "네 이웃을 네 자신같이 사랑하라"에 관해서는 갑자기 자신이 없어졌다. 지난 이틀 동안 본 것들을 돌아보면서 이 명령의 의미를 다시 생각해 봤다. 이곳에서 이런 종류의 사랑은 구체적으로 어떤 모습일까? 내가 어떻게 하는 것이 이 사람들을 나 자신처럼 사랑하는 것일까? 문득, 내가 정말로 이들을 나 자신처럼 사랑한다면 지금 이 길이나 걸어가고 있지는 않을 거라는 생각이 들었다.

내가 카말을 나 자신처럼 사랑했다면 곧장 그를 직접 산 아래 병원까지 데려가 눈을 치료받도록 도와주었을 것이다. 내 딸이 성 노예로 팔려갔다면 모든 일을 내팽개치고 산 아래로 내려가 온 세상을 뒤져서라도 딸을 찾아냈을 것이다. 내가 정말로 그 가족들을 나 자신처럼 사랑했다면 왜 당장 산 아래로 달려가 딸을 찾도록 돕지 않았을까?

내가 그 마을의 그 굶주린 여자아이를 나 자신처럼 사랑했다면 분명 내 배낭에 있는 음식을 전부 꺼내서 줬을 것이다. 내가 내게 수유차를 대접해 준 가족들을 나 자신처럼 사랑했다면 끝까지 그 집에 남아서 그렇게 촛불을 붙이고 향을 태워 봤자 아무 소용없고 예수님이 만인을 위해 십자가 위에서 해 주신 일을 믿어야만 영생의 길이 열린다고 간절히 설득했을 것이다.

내가 화장 장작더미 주위에서 슬피 울던 사람들을 나 자신처럼 사랑했다면 그곳에 머물면서 예수님이 죽음을 정복함으로 영생의 길을 열어 주셨다고 밤낮으로 설득했을 것이다. 그리고 혹시 주변에 임종을 앞둔 사람들이 있다면 그들의 시체가 그 장작더미 위에 놓이기 전에 어서 내가 가서 복음을 전할 수 있게 해 달라고 간청했을 것이다.

'이런 상황에서 내가 어떻게 하는 것이 이웃을 나 자신처럼 사랑하는 것일까? 이런 세상에서 어떻게 내 이웃들을 나 자신처럼 사랑해야 할까?'

그런데 이런 질문을 던지는 순간에도 내가 위와 같이 행동하지 않는 데 대한 변명을 하나둘씩 떠올리기 시작했다. 이런저런 이유로 이런저런 행동이 현명하지 않은 이유들을 대기 시작했다. 그렇게 자기 의의 길을 탐색하던 중에 문득 내가 이 이야기 속의 율법교사와 다를 바 없다는 것을 깨달았다. 내 마음속의 거울에서 "자기를 옳게 보이려고 …… 그러면 내 이웃이 누구니이까"라고 묻는 사람의 얼굴이 보였다.

자신이 영생을 얻을 만큼 잘하는지 알기 위해 자신의 이웃이 누구인지 분명히 파악하려는 이 남자. 그리고 바로 이 점이 예수님이 이어서 해 주신 이야기의 핵심이다.

예루살렘에서 여리고로 가는 길은 가파른 내리막길로 거리가 무려 27킬로미터나 되는 데다 온갖 종류의 동굴과 바위, 틈이 가득하다. 문득 그 길이 내가 그 순간 걷고 있던 산길과 크게 다르지 않다는 생각이 들었다(물론 그 길은 내가 걷던 길처럼 가파른 오르막길이 섞인 길이 아니라 내리막길만 쭉 이어진 편한 길이었지만). 범죄자들이 그런 동굴에 숨어서 희생자를 노리는 일이 흔했을 것이다. 예수님의 비유에서 한 사람이 그런 강도들에게 공격을 당한다. 놈들은 그 사람의 옷을 벗기고 곤죽이 되도록 흠씬 때리고는 그대로 둔 채 가 버린다.

얼마 뒤 한 제사장이 그곳을 지나간다. 그는 곤경에 처한 낯선 사람을 만나면 최대한 도와야 하는 것이 하나님의 법이라는 사실을 잘 안다(레 19:34). 그래서 제사장이 이 남자를 당연히 도와줄 것 같지만, 웬걸 예수님은 그가 죽어 가는 사람을 보고도 그냥 지나갔다고 말씀하신다. 문자 그 대로 보면, 제사장은 피해자를 보고서 반대 방향으로 도망 친다. 며칠 전의 나처럼.

하지만 다행히 제사장의 조수격인 레위인이 나타나면 서 희생자는 두 번째 기회를 맞는다. 하지만 예수님은 레위 인도 제사장과 똑같이 몸을 돌려 반대편으로 도망쳤다고 말씀하신다. 참으로 아이러니가 아닐 수 없다. 하나님의 백 성 중에서도 어려운 사람들을 돕는 일을 책임지는 지도자 들이 오히려 어려운 사람들을 모르는 척한다. 점점 긴장이 고조된다. 과연 누가 죽어 가는 이 사람을 도울 것인가?

그때 예수님은 충격적인 반전을 보여 주신다. "어떤 사 마리아 사람은"(눅 10:34). 미움받는 이방인이자 유대인들이 오염된 혈통으로 여기는 혼혈인. 유대 지도자들은 예수님 을 폄하하고 싶을 때 그분을 '사마리아 사람'으로 불렀다. 사마리아 사람은 그만큼 그들이 싫어하는 표현이다. 그러 니 예수님의 입에서 그 표현이 나왔을 때 율법교사는 짜증 이 확 났을 것이 분명하다.

예수님의 이야기는 계속된다. 사마리아 사람은 걸음을 멈추고 피해자의 상처를 닦은 뒤 가까운 여관에 데려다준다. 뿐만 아니라 피해자의 모든 숙박비와 치료비까지 대신 내 준다. 이야기의 끝에서 예수님은 질문을 완전히 비트신 다. 이제 질문은 "누구를 사랑해야 하는가?"가 아니라 "사 랑을 행한 사람은 누구인가?"다.

율법교사는 "사마리아 사람"이라는 말은 입에 담기 싫 어 "자비를 베푼 자니이다"라고만 말한다. 그러자 예수님 은 "가서 너도 이와 같이 하라"고 말씀하신다(37절). 이 짧은 이야기에서 예수님은 종교 엘리트 집단 출신의 이 남자에 게 율법이 말하는 사랑이 단순한 종교적 지식과 종교적 의 무 이상이라는 점을 깨우쳐 주기 위해 충격 요법을 사용하 신다. 율법이 명령하는 사랑은 그 율법교사가 상상한 것보 다 훨씬 더 크고, 더 위험하고, 더 큰 대가가 따르고, 더 수고 로운 것이다.

그 좁은 길에서 내리는 눈을 뚫고 힘겹게 걷던 중에 이 이야기가 시사하는 놀라운 의미를 새롭게 깨달았다. 이건 그냥 어려운 사람들을 편견 없이 도우라는 교훈에 관한 이 야기가 아니다. 그런 교훈이 목적이었다면 예수님은 그냥 그 율법교사와 같은 유대인이 온갖 편견에도 불구하고 발 걸음을 멈춰 사마리아 사람을 돕는 것으로 이야기를 마무 리하셨을 것이다. 그렇게 하면 이야기의 의미는 분명해진다. 편견에 상관없이 불쌍한 사람들을 돌보라.

하지만 예수님의 이야기는 그런 이야기가 아니다. 예수님은 하나님의 율법에 부응하지 못하는 종교 엘리트들(제사장과 레위인)의 현실부터 지적하신 뒤에 사마리아 사람을 등장시켜 사마리아 사람들을 향한 율법교사의 깊은 미움과 편견을 들추어내신다. 그 과정에서 예수님은 요지를 분명히 전달하신다. 이 율법교사에게는 바로 새 마음이 필요하다. 물론 우리도 마찬가지다. 하나님과 다른 사람을 향한 진짜 사랑은 종교적 학습만 해서는 만들어 낼 수 없다.

생각할수록 새록새록 깨달음이 고개를 들었다. 율법교사의 대화는 처음부터 전혀 다른 방향으로 흐를 수 있었다. 그는 온 마음으로 하나님을 사랑하고 이웃을 자신처럼 사랑하는 것이 율법의 명령이라고 말했고, 이에 예수님은 "가서 그렇게 살아라" 하고 말씀하셨다.

만일 그때 그가 자신을 옳게 보이기 위해 "내 이웃이 누구입니까?"라고 묻지 않았다면 어땠을까? 그가 "예수님, 저는 그렇게 할 수 없습니다. 저는 하나님을 완벽히 사랑하고 다른 사람을 이타적으로 사랑할 능력이 없어요. 제가 그렇게 사랑할 수 있게 도와주십시오"라고 말하며 자신을 낮추었다면 어땠을까? 그때부터 대화는 전혀 달라졌을 것이다.

그 순간, 바로 내가 그 지점에 있었다. 주변 광경들과 이 이야기가 어우러져 나 스스로 내 안의 이타적인 사랑이 부족함을 똑똑히 보게 만들었다. 내 모든 종교적인 배움과 책임에도 불구하고 나는 눈앞의 절박한 상황을 보고도 그냥 지나치기가 너무 쉬운 존재다. 하나님의 도우심으로 내 안의 이런 상태를 바꾸어야만 한다.

눈물을
전술로

'그래서 어떻게 해야 할까?' 그런 고민을 할 즈음 눈앞에 빈 터가 나타났다. 발에 속도를 붙여 저 앞에 있는 애런을 따라잡았다.

"뭣 좀 하나 물어도 될까요?"

"물론이죠."

나는 바로 본론으로 들어갔다. "이 트레킹 첫날, 우리가 처음 들렀던 찻집에서 말이에요. 그러니까 헬리콥터에서 내린 직후에 이십 년 전에 대학 친구들과 이 지역에 처음 왔다고 하셨죠? 원래는 몇 주간만 트레킹을 할 계획인데 첫날 밤에 뭔가를 마주쳐서 밤새 잠을 이루지 못했다고 하셨죠? 밤새 울다가 짐을 챙겨서 산을 도로 내려가셨다고 하셨죠?"

애런이 고개를 끄덕이자 다시 물었다. "그런데 그때 뭘 마주치신 건가요? 그것이 무엇이었는데 당신이 그렇게 산을 내려갔던 건가요?"

애런의 얼굴에 살짝 미소가 떠올랐다가 이내 심각한 표정으로 바뀌었다. "인신매매범을 만났습니다."

그가 오랫동안 멈췄다가 다시 입을 열었다. "그 휴게소에서 친구들과 저녁을 먹다가 이곳에 자주 온다는 한 남자와 대화를 나누었습니다. 그자는 이곳에서 만난 수많은 여자아이들에 관해 자랑을 늘어놓았어요. 그 아이들을 지독한 가난에서 구해 내 도시에서 일자리를 마련해 줬다고 했습니다. 소녀들이 자기 같은 남자들에게 즐거움을 선사하면서 풍족하게 산다며 히죽거리는 모습이란 정말!"

애런의 눈에 눈물이 글썽이고 목소리가 떨렸다. "그자가 여자아이들에 관해서 하는 말을 들으니 미칠 것만 같았습니다. 그자는 그 아이들을 남자들이 멋대로 사용하다가 버려도 좋은 물건으로 보고 있었어요. 그자는 말을 마치자마자 가야 한다며 자리에서 일어섰습니다. 그자가 걸어 나가는 모습을 보며 저는 충격에 휩싸여 가만히 앉아 있었어

145

요. 친구들은 그자의 말이 너무 끔찍하다며 한동안 씩씩거렸지만 이내 내일 아침에 다시 시작될 트레킹에 관한 이야기를 하며 들뜬 표정들을 지었죠."

애런은 다시 말을 멈추었다. 그 순간을 회상하느라 감정이 북받치는 것이 분명했다. "하지만 저는 그 남자의 말이 뇌리에서 사라지지 않았습니다. 완전히 멍한 상태였죠. 두 귀로 듣고도 믿을 수 없었습니다. 자꾸만 생각이 났고요. 그 어린 여자아이들 생각이 끊이질 않았습니다."

어느새 눈물은 애런의 뺨을 타고 흐르고 있었다. "그날 밤 침대에 누워 밤새 울었습니다. 어느덧 동이 텄지만 아무런 일도 없었던 것처럼 트레킹을 계속할 수는 없었습니다. 그래서 친구들에게 나를 두고 가라고 했죠. 저는 혼자 산을 내려왔고, 그 뒤로 지난 이십 년 동안 그때 흘린 눈물을 이 사람들에게 하나님의 자비를 보여 주기 위한 전술들로 바꾸기 위해 노력해 왔습니다."

애런과 나란히 걷는데 그의 이야기에 무슨 말을 해야 할지 알 수 없었다. 내가 괴로움에 휩싸인 줄 알고서 애런이 다시 말했다. "목사님의 질문은 훌륭했지만 약간 초점에서 벗어났습니다. 목사님은 그날 아침 무엇 때문에 산을 내려갔느냐고 물으셨죠? 답은 '무엇'이 아니라 '누구'였습니다. 그날 밤 하나님은 내 마음속에서 특별한 역사를 행하셨습니다. 그 역사로 인해 저는 산을 내려갔습니다. 하나님은 제 안에 이 사람들을 향한 사랑을 불어넣으셨어요. 이 사람들에게 제 삶으로 그분의 사랑을 보여 드리려는 열정을 제 안에 주셨습니다. 그래서 제가 지금 여기 있는 것입니다."

어느새 길은 다시 좁아졌고, 애런은 나보다 앞서 걸었다.

"곧 가파른 오르막길이 나타날 겁니다. 천천히 조심해서 오세요."

아이러니하게도 그 힘든 오르막길은 귀한 깨달음을 얻는 데 참 유익했다. 누가복음 10장에 기록된 예수님 이야기의 관점에서 애런의 이야기를 듣고 하나님이 그분과 다른 사람들을 향한 더 높은 사랑으로 나를 부르고 계심을 깨달았다. 내 모든 종교적 배움이나 종교적 책임감을 초월한 새로운 종류의 사랑으로, 오직 하나님만이 일으키실 수 있는 종류의 사랑으로, 내 인생이나 가족, 미래를 위해 세웠던 계획을 송두리째 바꾸게 만드는 종류의 사랑으로, 편안한 자리에서 나와 주변 사람들의 어려움 속으로 온몸을 던지는 희생적인 사랑으로.

그 길을 조심스레 오르면서 이런 종류의 사랑을 실천하며 살고 싶다고 생각했다.

가짜
정상

애런의 말이 맞았다. 직선으로 가파르게 쭉 올라가는 길이
었다. 오래지 않아 장딴지에 불이 나기 시작했다. 근육 스
트레스에 폐에까지 스트레스가 더해지니 죽을 맛이었다.
이 트레킹을 시작하기 전에 사람들은 내게 산소가 적은 높
은 고도에서 숨 쉬는 것처럼 마스크를 끼고 걷는 시뮬레이
션 훈련을 하라고 조언했다. 빨대 하나를 통해서만 숨 쉬는
훈련을 제안한 이들도 있었다. 당시는 둘 다 이상하게 보여
서 그냥 무시했다.

　결국 이 길에서 (나처럼 열심히 준비하지 않은 다른 일행들과 함
께) 나는 거의 열 걸음에 한 번씩 멈춰서 한참 동안 주변 경
치를 즐겨야, 즉 헉헉거려야 했다. 그렇게 한 번에 열 걸음
씩 500킬로미터나 되는 산비탈을 오르다 보니 경치는 원
없이 구경했다.

　이 길은 가파를 뿐 아니라 혼란스러웠다. 앞을 바라보
면 산 정상처럼 생긴 것이 눈에 들어온다. 그것이 까마득히
멀어 보이지만 그래도 해 볼 만하다고 마음을 다잡는다. 한
번에 한 걸음씩 천천히 오르기 시작한다. 마지막 구간이 가

장 힘들지만 거의 다 왔다는 걸 알기에 이를 악물고 한 발씩 앞으로 내딛는다. 끝이 코앞이라는 걸 알기에 견뎌 낼 힘이 생긴다. 이제 스무 발자국만 내딛으면 끝이다. 드디어 마지막 열 발자국. 마침내 마지막 발을 내딛고 정상에서 쉬려는데…….

저런, 정상이 아니다. 정상은커녕 정상 근처에도 가지 못했다. 가짜 정상! 이 산은 내 상상보다 훨씬 더 높이 솟아 있었고, 나는 겨우 4분의 1쯤을 오른 상태였다.

힘이 쭉 빠지는 순간이다. 이럴 때 정상까지 오르기 위해서는 나름대로 전략을 짜야 한다. 내 경우는 산 정상(물론 이번에도 가짜 정상일지 모르지만!)을 볼 수 있었다. 그래서 나는 그 거리를 반으로 쪼개기로 했다. 처음 절반을 있는 힘껏 오른 다음 오랫동안 쉰다. 그런 다음 나머지 절반을 다시 절반으로 쪼갠다. 그 절반을 오른 뒤에 짧게 쉰다. 그러고 나서 젖 먹던 힘을 짜내 나머지 절반을 마무리한다. 이 전략이 적중하리라 확신한 나는 물을 충분히 마시고 나서 다시 오르기 시작했다.

처음 절반은 정말 힘들었다. 한 시간이 훨씬 넘게 걸렸는데, 중간에 몇 번 잠깐 멈춘 것 외에는 쉬지 않고 올라왔다. 마침내 쉴 시간이 왔다. 이제 정상까지 반이 채 남지 않은 지점에서 앉을 만한 평평한 바위를 찾아냈다. 배낭에서 간식과 물병을 꺼냈다. 눈높이로 보이는 사방이 온통 절경이었다.

대담한
간청

온 세상에서 하나님과 단둘이 시간을 보내기에 이보다 더 좋은 곳이 또 있을까? 성경에서 예수님이 홀로 기도하시러 한 산에 오르셨다는데, 그 산의 경치가 이렇지 않았을까 하는 생각이 들었다. 숨은 가쁘고 다리는 후들거려서 바로 산을 오르는 건 무리였다. 그래서 성경책과 일기장을 꺼내기로 했다. 누가복음 11장 전반부를 읽었다.

[1]예수께서 한 곳에서 기도하시고 마치시매 제자 중 하나가 여짜오되 주여 요한이 자기 제자들에게 기도를 가르친 것과 같이 우리에게도 가르쳐 주옵소서 [2]예수께서 이르시되 너희는 기도할 때에 이렇게 하라 아버지여 이름이 거룩히 여김을 받으시오며 나라가 임하시오며 [3]우리에게 날마다 일용

할 양식을 주시옵고 ⁴우리가 우리에게 죄지은 모든 사람을 용서하오니 우리 죄도 사하여 주시옵고 우리를 시험에 들게 하지 마시옵소서 하라

⁵또 이르시되 너희 중에 누가 벗이 있는데 밤중에 그에게 가서 말하기를 벗이여 떡[빵-NIV] 세 덩이를 내게 꾸어 달라 ⁶내 벗이 여행중에 내게 왔으나 내가 먹일 것이 없노라 하면 ⁷그가 안에서 대답하여 이르되 나를 괴롭게 하지 말라 문이 이미 닫혔고 아이들이 나와 함께 침실에 누웠으니 일어나 네게 줄 수가 없노라 하겠느냐 ⁸내가 너희에게 말하노니 비록 벗 됨으로 인하여서는 일어나서 주지 아니할지라도 그 간청함을 인하여 일어나 그 요구대로 주리라

⁹내가 또 너희에게 이르노니 구하라 그러면 너희에게 주실 것이요 찾으라 그러면 찾아낼 것이요 문을 두드리라 그러면 너희에게 열릴 것이니 ¹⁰구하는 이마다 받을 것이요 찾는 이는 찾아낼 것이요 두드리는 이에게는 열릴 것이니라

¹¹너희 중에 아버지 된 자로서 누가 아들이 생선을 달라 하는데 생선 대신에 뱀을 주며 ¹²알을 달라 하는데 전갈을 주겠느냐 ¹³너희가 악할지라도 좋은 것을 자식에게 줄 줄 알거든 하물며 너희 하늘 아버지께서 구하는 자에게 성령을 주시지 않겠느냐 하시니라 (눅 11:1-13).

주위로 해발 5,000미터에 육박하는 봉우리들을 병풍 삼아 앉아 이 구절, 특히 중간 부분 이야기를 묵상했다. 이야기의 배경은 사람들이 매일 먹을 빵을 충분히 굽고 나서 새로운 하루를 시작하던 1세기 팔레스타인이다. 한 남자가 친구 집에 방문했는데 마침 배가 고프다. 하지만 안타깝게도 친구 집에는 남은 빵이 없다. 당시 손님 접대는 정말 중요한 미덕이었기 때문에 친구는 딜레마에 빠진다. 친구에게 빵을 주지 않는 형편없는 주인이 될 것인가? 한밤중이지만 다른 집에서 빵을 구해 올 것인가? 다시 말해, 무례한 주인이 될 것인가 무례한 이웃이 될 것인가? 고민 끝에 남자는 두 번째 길을 선택한다.

이웃의 가족들은 이미 깊은 잠에 빠져 있다. 당시 집은 대개 방 하나짜리라 온 식구가 한 방에서 같이 잤다. 엄마와 아빠가 아이 넷을 침대에 눕히고 나서 재빨리 그 옆에 눕는 상상을 해 본다. 쥐 죽은 소리조차 들리지 않는 고요한 밤, 바늘 하나 떨어지는 소리만으로도 한 시간 넘게 달래서 겨우 재운 갓난아기를 포함해 온 집안 식구가 한꺼번에 깰 정도의 적막함이 감돈다. 그런데 온 식구가 곤히 잠든 야심한 시각, 누군가가 문을 두드리며 말한다.

"벗이여!"

한밤중에 누굴 깨울 때 별로 추천하지 않는 표현이다. 이 시간에 '우정' 따위는 잘 통하지 않으니까. 남자가 깨어나 눈을 말똥말똥 뜨고 있는 두 살배기를 바라보는 상상을 해 본다. 짜증이 확 올라온다! 남자는 억지로 분을 억누르며 최대한 정중하게 말한다. "나를 괴롭게 하지 마라. 일어나 네게 줄 수가 없다."

그런데 예수님은 친구가 와도 일어나지 않을 사람이라 해도 친구가 대담하게, 아니 집요하게 간청하면 일어날 것이라고 말씀하신다. 비유의 흥미로운 점 가운데 하나는 그것을 읽을 때 으레 우리는 '아하, 이 비유에서 이 사람은 나고 이 사람은 하나님이구나'라고 생각한다는 것이다. 이 비유에서도 마찬가지다. '우리는 집 밖에서 문을 두드리는 사람과 같구나. 그렇다면 여기서 하나님은 누구시지? 자신을 괴롭게 하지 말라고 집 안에서 짜증스럽게 소리를 치는 성질 고약한 주인인가?'

누가복음 11장은 기도에 관한 무엇을 가르치는가? 하나님께 무언가를 받고 싶다면 끝까지 문을 두드리며 요구하라. 그러면 결국 하나님이 짜증이 나서 일어나실 것이다. 우리를 사랑해서가 아니라 죽도록 귀찮게 하는 우리를 견딜 수 없어서 우리가 원하는 것을 주실 것이다. 그러니 어서 기도하자?

나는 이것이 이 이야기의 요지라고 생각하지 않는다. 나는 대담함이야말로 이 비유가 던지는 메시지라고 생각한다. 예수님은 한 가지 질문의 배경 위에 이 이야기를 그리신다. '겨우 빵 몇 조각을 달라고 한밤중에 이웃을 찾아갈 정도로 대담한 남자, 친구를 위해 예의를 벗어던진 남자. 이런 사람을 알고 있느냐? 아니, 네가 이런 사람이냐?' 아주 특별한 일이 아니면 한밤중에 남의 가족을 깨워서는 안 된다는 사실을 아는지 모르는지 친구를 위해 문을 두드리고야 마는 대담한 사람. 예수님은 우리에게 이렇게 기도해야 한다고 말씀하신다.

그 산비탈에 앉아 이 이야기를 읽다가 기도가 얼마나 놀라운 것인지 새롭게 깨달았다. 주변 자연에 가득한 하나님의 영광을 보노라니 온 세상 70억 이상 인구 가운데 한 명에 불과한 내가 "온 우주를 운행하시느라 바쁘신 줄 알지만 꼭 부탁드릴 것이 있으니 제 말 좀 들어 보세요"라고 말하는 것이 얼마나 대담한 행동인지가 새삼 느껴졌다.

대담하지 않은가? 아니, 대담함을 넘어 무례한 것 아닌가? 하지만 이 비유에서 예수님은 무례할 정도로 대담하게 기도하라고 말씀하신다. 하나님은 내게 언제 어떤 일로든 찾아오라고 말씀하신다. 특히 이 비유에서처럼 힘든 사람들을 위해서라면 심지어 무례한 부탁도 괜찮다고 말씀하신다. 그 산비탈에서 나는 일기장을 꺼내 다음과 같이 대담한 기도를 써 내려갔다.

하나님, 이 지역의 고통이 보이시죠?

이 사람들의 고통이 보이시죠?

구멍이 뚫린 카말의 얼굴을 보셨죠?

시잔과 아미르의 고난을 보셨죠? 나단의 고통을 보셨죠?

인신매매를 당하는 그 소녀들을 보셨죠?

이 귀한 아이들이 지금 이 순간 악인들을 위해

어디서 무얼 하고 있는지 아시죠?

제 얼굴에 침을 뱉으려고 했던 그 어린 소녀를 보셨죠?

천장 의식을 행하는 그 승려들을 보셨죠?

죽은 사람들을 강가로 운반해서 불에 태우는 걸 보셨죠?

그들이 지옥에 가면 어떻게 되는 줄 잘 아시잖아요.

하나님, 이 모든 것을 보셨죠?

그래서 지금 이 순간 문을 두드립니다.

오! 하나님, 간구합니다.

저들을 향한 주님의 자비를 간구합니다.

하나님, 주님의 치유하는 능력을 보여 주십시오.

하나님, 고난 중에 있는 사람들을 붙들어 주시고

고통 중에 평강을 주십시오.

하나님, 이 어린 소녀들을 구해 주시거나

그들을 팔아서 노예로 전락시키는 자들을 쳐 주십시오!

하나님, 가난한 사람들에게 필요한 것을 공급하시고

사람들을 영원한 고통에서 구해 주십시오!

하나님께는 이 모든 일을 행할 능력과 권세가

있는 줄 압니다. 응답해 주시길 간구합니다!

그렇게 산중턱에서 무릎을 꿇고 기도하는데 전에 없는 대담함이 솟아났다. 그렇게 온 마음을 쏟아 기도한 적이 언제였는지 기억이 나지 않을 정도였다. 나는 그 어느 때보다도 강한 믿음으로 기도했다. 이 골짜기들과 산들을 창조하신 하나님이 내 말을 듣고 계신다는 강한 확신이 나를 감쌌다. 일기장을 다시 꺼내 다음과 같이 썼다.

하나님, 이 산맥에서 영광을 받으옵소서.

이 모든 마을과 골짜기에서

주님의 이름이 거룩히 여김을 받으옵소서.

제게 이렇게 기도하라고 가르치셨기에 이렇게 기도합니다.

주님의 이름을 위해 이 기도에 응답해 주시길 간구합니다.

이곳에서 주님의 이름이 위대하고 은혜로우며

영광스러운 이름으로 알려지게 하옵소서.

이곳에 주님의 나라가 임하고 주님의 정의와 자비, 의가

하늘에서와 같이 이곳에서도 이루어지게 하옵소서.

작은

빛들

무릎을 꿇은 채로 고개를 돌렸다가 시그스가 옆에 있는 걸
보고 깜짝 놀랐다. 시그스는 가쁜 숨을 내쉬면서도 얼굴에
미소를 지었다.

"쉬기 딱 좋은 곳이에요." 나는 하나님과 보낸 시간을
생각하며 그렇게 말하고서 몸을 일으켰다.

"경치도 좋고요. 자, 여기 이 바위를 양보해 드리죠."

나는 배낭을 들어 등에 메면서 다시 말했다. "정상에서 뵐게요."

"물론이죠." 시그스가 여전히 숨을 헐떡거리며 물병을 집었다. "제가 따라잡을지도 몰라요. 여기 오래 머물지 않을 거니까요."

"좋아요, 한번 해 보죠." 내가 응수하며 웃자 나의 불타는 승부욕을 잘 아는 그가 미소로 답했다.

'내가 먼저 출발한 이상 절대 질 수 없지!'

나는 마지막 절반의 산행을 위해 힘차게 한 발을 내딛었다. 쉬고 났더니 심신에 새로운 힘이 불끈거렸다. 이제는 평균 스무 걸음씩 걷고 나서 잠깐 쉬는 식으로 진행했다. 마침내 한 시간 정도 더 걸려 정상에 이르니 애런이 기다리고 있었다. 애런은 정상을 밟은 지 이미 꽤 되어서, 여러 골짜기가 굽어보이는 마을의 한 찻집을 물색해 놓은 상태였다.

"오늘 밤 이 마을에서 묵을 겁니다. 타이밍이 완벽하군요!"

"무슨 뜻이죠?"

"이 마을의 유일한 교회가 오늘 밤 이곳에서 모입니다. 아마 우리도 함께 예배를 드릴 수 있을 것 같군요. 오늘 밤 목사님이 설교를 해 주시지 않겠습니까?"

"하고말고요!"

"좋습니다. 일단 방에 짐을 풀고 좀 쉬세요. 한 시간쯤 뒤에 저녁 식사가 준비될 겁니다. 나중에 날이 어두워지면 길 바로 건너편에서 교회가 모일 거고요."

예배 시간이 너무도 기다려졌다! 며칠 동안 복음을 들어 본 사람을 단 한 명도 보지 못했는데 드디어 예수님에 관해서 들을 뿐 아니라 그분을 아는 사람들과 함께 예배를 드리게 되었으니 어찌 흥분이 되지 않겠는가. 방에 짐을 풀고 잠깐의 온기를 즐기기 위해 침낭을 꺼내 폈다. 성경책을 꺼내 누가복음 11장을 마저 읽고 나서 저녁에 나눌 메시지에 관해 생각했다. 그런데 어느 순간 잠이 들었고, 크리스가 내 배낭을 두드리는 소리에 화들짝 깨어났다.

"그만 일어나세요. 저녁 식사 시간입니다."

우리는 찻집에 모여 빵과 콩 수프를 먹었다. 식사 후 애런이 우리를 밖으로 불렀다. 어느덧 칠흑 같은 어둠이 내려 있었다. 별이 총총한 밤하늘이 실로 아름다웠다. 그런데 애런은 위의 빛을 보여 주려고 우리를 불러낸 것이 아니었다. 그의 손가락을 따라 골짜기를 내려다보니 우리 쪽으로 올라오는 작은 빛 몇 개가 보였다.

"저 빛이 보이십니까?"

우리가 고개를 끄덕이자 애런이 말했다.

"바로 교인들입니다. 오늘 힘들게 올라온 길이 기억나시죠? 예배를 드리려고 그 고된 길을 올라오는 사람들의 불빛입니다."

절로 고개가 숙여졌다. 저 멀리서 천천히 올라오는 작은 빛들을 물끄러미 바라보았다. 문득 교회까지 15분 남짓 차로 오면서도 힘들다고 투덜거리는 우리나라 교인들이 생각났다. 살을 에는 추위 속에서 비좁은 산길을 두 시간 동안 힘겹게 올라왔다가 예배를 마치고 칠흑 같은 어둠 속에서 다시 두 시간을 내려가는 사람들이란!

바로
이거다!

교회는 우리가 묵은 집에서 걸어서 5분 정도 떨어진 집에서 모였다. 말 그대로 '가정 교회'였다. 보통 도시 아파트의 침실 하나 혹은 작은 거실 정도 크기를 생각하면 된다. 그렇게 작은 집의 한 구석에는 침대가 놓여 있었다. 나무 단위에 얇은 매트 한 장을 깐 것을 상상하면 된다. 벽에는 두어 개의 선반이 달려 있고 다른 구석은 부엌 공간이었다.

방 중앙에는 전구 하나가 덩그러니 달려 있었다.

우리가 도착하니 집주인이 환한 미소로 반갑게 맞아 주었다. 주인은 우리에게 침대 위나 오른쪽의 상석을 권했다. 이윽고 산길을 올라 그곳에 도착한 사람들을 보고 충격에 빠졌다. 젊고 건강한 사람만 있는 것이 아니었다. 아기부터 할아버지, 할머니까지 모든 연령대가 두루 섞여 있었다.

한 사람씩 차례로 들어오더니 이내 집 안이 발 디딜 틈도 없이 꽉 찼다. 50명이 넘는 사람들이 바닥이나 침대, 혹은 다른 사람의 무릎 위에 앉았다. 세상에서 가장 불편한 자세로 앉아 있는데도 이후 두 시간 내내 그들의 얼굴에서는 미소가 떠나지 않았다. 모두가 손뼉을 치며 열정적으로 찬양하고 기도했으며 내 설교에 귀를 기울였다.

앞서 그 교회를 어떻게 격려할지 고민하며 기도할 때 나는 그 교회의 구성원에 관해 생각했다. 세상에서 가장 열악한 환경에서 사는 사람들, 육체적으로 가난한 이들, 가장 기본적인 식량과 물, 의료품을 얻기 위해 매일 사투를 벌여야 하는 이들, 나아가 믿음으로 인해 핍박까지 받는 이들.

모임 전에 그 교회 목사에게서 살아온 이야기를 들었다. 예수님을 믿지 않던 그의 부모는 그가 겨우 열다섯 살때 세상을 떠나셨다고 했다. 몇 년 뒤 누군가가 그에게 복음을 처음 전해 주었다. 그리하여 그는 예수님을 믿고 세례를 받았지만 그 즉시 남은 가족들에게서 버림을 받았다. 형제들은 그에게 절대 돌아오지 말라고 했다. 그로 인해 그는 부모님의 유산을 한 푼도 받지 못하고 쫓겨났다. 하지만 이 목사와 교인들은 예수님이 그럴 만한 가치가 있다고 확신했다.

"예수님은 가족을 잃어도 따를 만한 가치가 있는 분이죠." 그는 그렇게 말하면서 마가복음 10장 29-30절을 인용했다.

[29]예수께서 이르시되 내가 진실로 너희에게 이르노니 나와 복음을 위하여 집이나 형제나 자매나 어머니나 아버지나 자식이나 전토를 버린 자는 [30]현세에 있어 집과 형제와 자매와 어머니와 자식과 전토를 백 배나 받되 박해를 겸하여 받고 내세에 영생을 받지 못할 자가 없느니라.

이 상황에서 무슨 말을 해야 할지 몰랐다. '내가 뭐라고 이런 사람들 앞에서 메시지를 전한단 말인가.'

물론 나는 신학교도 나왔고 책도 여러 권 썼으며 교회와 사역 단체를 이끌어 왔다. 하지만 이들에 비해 내가 그리스도를 따르기 위해 치른 대가는 너무도 하찮았다. 나는 모든 필요를 그리스도께 의지하는 삶이 무엇을 의미하는지를 이들보다 몰라도 너무 몰랐다. 내가 그리스도의 사랑을 세상에 전하기 위해 감수한 위험은 이들의 상황에 비하면 위험이라고 말하기도 민망했다.

그럼에도 하나님의 말씀이면 이들을 격려하기에 충분하다는 믿음으로 느헤미야 8장과 디모데후서 4장을 펴서 힘든 순간에도 하나님의 말씀을 굳게 부여잡으라고 강권했다. 나빈이 통역하자 그들이 고개를 끄덕였다. 그 메시지에 그들이 힘을 얻었기를 소망했다.

하지만 그 예배를 통해 가장 격려를 받은 사람은 바로 나였다. 내가 하나님의 말씀을 선포한 뒤 교인들은 서로 자신이 씨름하는 문제가 무엇인지 나누기 시작했다. 구석에 앉아 있던 한 노부인이 몸이 아프다며 기도를 부탁하자 다른 편에 앉은 한 여성은 자신이 돌봐 주겠다고 선뜻 나섰다. 한 젊은 남자는 최근 복음을 전한 상대에게서 핍박과 협박을 당하고 있다고 말했다. 그 말에 한 중년 남자는 자신도 똑같은 일을 겪었다며 목사에게 격려를 부탁했다. 그러자 한 부부가 다른 가족에게 복음을 전해 그 가족이 결국 예수님을 믿은 이야기를 했다. 그 부부는 이제 근처 마을에 있는 그 가족의 집에서 새로운 교회를 열 계획이라고 했다.

이 방 안에서 벌어지는 상황과 하나님 가족의 형제자매들 사이에서 오가는 대화를 듣노라니 '바로 이거야!'라는 생각이 들었다. 바로 이것이 이 마을 사람들에게 가장 필요한 것이다. 물론 그들에게는 복음이 절대적으로 필요하다. 그들은 영생을 주는 하나님 은혜의 좋은 소식을 들어야 하는 건 말할 것도 없다. 하지만 그 이상이 필요하다.

그들에게는 공동체가 필요하다. 함께 예배할 뿐 아니라 서로를 격려하고 돌봐 주기 위해 두 시간의 고된 산행을 마다하지 않는 공동체, 서로의 육체적 필요를 채워 주는 공동체. 이 마을 사람들에게는 가족으로서 서로를 돌보고 서로를 자신처럼 사랑하는 형제자매가 필요하다(막 10장; 눅 10장). 나아가 예수님을 전혀 모르는 사람들에게 복음을 전하기 위해 개인적으로 큰 위험도 감수하는 사람들의 공동체.

다시 말해, 이 마을 사람들에게는 교회가 필요하다. 하나님이 처음에 의도하셨던 형태의 교회 말이다. 하나님의 말씀을 끝까지 고수하는 동시에 불쌍한 사람들에게 하나님의 사랑을 나누기 위해 희생적으로 섬기는 사람들의 모임이 이들에게는 너무도 필요하다. 이런 교회는 세상을 변화시킬 수 있다!

생각하면 놀랄 정도로 단순하다. 쉽지는 않지만 단순하다. 이 교회에는 우리가 흔히 교회 하면 떠올리는 것들이 거의 없다. 이를테면 근사한 건물이 없다. 훌륭한 밴드도 없다. 카리스마 넘치는 설교자도 없다. 어떤 프로그램도 없다. 그냥 믿음의 형제자매들, 그들 앞에 놓인 하나님의 말씀, 그들 안에 거하시는 하나님의 영만 있다. 그리고 이것만으로 충분하다.

우리도 이것만으로 충분하지 않을까? 내게도 이것만으로 충분하지 않을까? 그저 하나님을 찾고 서로를 사랑하고 어떤 희생이 따르더라도 주변 세상에 하나님 사랑의 좋은 소식을 전하기로 결단한 공동체에 속한 것만으로 충분하지 않을까? 이것이 하나님이 원래 설계하신 교회의 본질이 아닐까?

이 깊고 외진 산속에서 이 형제자매들 사이에 앉아 있자니 우리가 교회의 추가적인 것들에 정신이 팔려 하나님이 진정으로 원하시는 핵심을 놓치기가 너무 쉽다는 생각이 들었다. 저녁 식사 전에 읽었던 누가복음 11장을 생각해 보았다. 그 말씀에서 예수님은 하나님이 원하시는 공동체의 핵심을 놓친 종교 지도자들을 나무라셨다. 42절이 특히 눈에 들어왔다.

화 있을진저 너희 바리새인이여 너희가 박하와 운향과 모든 채소의 십일조는 드리되 공의와 하나님께 대한 사랑은 버리는 도다 그러나 이것도 행하고 저것도 버리지 말아야 할지니라.

예수님은 (모두 나쁘지는 않은) 전통 같은 사소한 것들에 집착한 나머지 하나님의 말씀에서 가장 중요한 것, 즉 하나님의 사랑과 정의를 전하는 일은 소홀히 한 종교 지도자들을 꾸짖으셨다. 문득 나 같은 교회 지도자들, 그리고 당신과 내가 속한 교회 문화도 그런 꾸중을 받을 수 있지 않을까 하는 생각이 들었다. 우리는 (모두 나쁘지는 않은) 전통 같은 사소한 것들에 너무 집착한 나머지 가장 중요한 것, 즉 압제받는 자들을 위한 정의를 세우고 어려운 사람들을 우리 자신처럼 사랑하는 일을 소홀히 할 때가 얼마나 많은가.

이틀 동안 만난 영적으로 육체적으로 절박한 그 지역 사람들의 얼굴들을 떠올리니 나도 이런 교회의 일원이 되고 싶었다. 가장 중요한 일, 즉 아파하는 사람들을 연민으로 돌보고 절망적인 사람들에게 하나님의 말씀을 용감히 전하는 일에 헌신하는 공동체에 소속되고 싶었다. 하나님의 말씀을 굳게 부여잡는 동시에 절박한 세상 속에서 희생적으로 나누고 하나님의 사랑을 보여 주는 사람들의 일부가 되고 싶었다. 하나님이 원래 의도하셨던 교회의 일부가 되고 싶었다. 세상을 변화시킬 수 있는 종류의 교회에 속하고 싶었다.

이런 생각에 잠겨 있는데 목사가 내게 마무리 기도를 부탁했다. 감사하면서도, 그 방 안에서 가장 부족한 사람이 바로 나라는 걸 잘 알고 있기에 부끄러웠다. 그래도 담대하게 기도했다.

하나님, 이 형제자매들을 위해 강하게 역사해 주십시오.

이들의 모든 필요를 채워 주십시오.

이들이 거센 반대 속에서도 주님의 말씀을

굳게 부여잡게 도와주십시오.

이들이 거센 핍박 속에서도

이 산맥 전체에 주님의 사랑을 전하게 해 주십시오.

그리고 오늘 밤 이곳을 방문한 우리와

우리가 속한 고국의 교회들이 이곳의 형제자매들과 힘을 합쳐 주님이 뜻하신 교회를 이루어 나가도록 도와주십시오.

예수 그리스도의 이름으로 기도드립니다.

아멘.

당신의 여행기

당신이 어려운 사람들을 자신처럼 사랑하면 당신의 삶이 어떻게 달

라질까?

당신은 사람들을 이렇게 사랑하지 않는 것에 어떤 핑계를 대는가?

당신의 교회는 어떤 사소한 것들(그것이 좋은 것이라 할지라도)에 초점을

맞춘 나머지 가장 중요한 것들에 집중하지 못하는가?

오늘 어떤 대담한 기도를 드리겠는가?

DAY 5
내가 가진 것으로
누군가의 길을
비춰 주는 사람들

많은 것을
맡은 자

마침내 새 옷으로 갈아입었다. 전날 밤 교회 모임에서 새로운 힘과 용기를 얻은 나는 다음 날 아침, 한 벌로 나흘을 버텼으면 충분하다고 판단했다. 이제 새 옷으로 갈아입을 시간이었다. 새 옷 한 벌이면 마지막 사흘을 충분히 버티리라 생각했다. 게다가 전날 밤 애런은 다음 날에는 거의 내리막 길만 걸을 거라고 말했다. 낮은 지역으로 내려가면 기온이 더 높아진다. 우리는 땀을 무척 흘리기 때문에 심지어 짧은 소매 옷만으로 충분한 구간도 있을 수 있었다.

새 옷으로 갈아입어 상쾌해진 기분으로 침낭으로 들어가 누가복음 12장을 읽었다. 일기장에 글을 쓰다 보니 두

가지 비유에 특히 관심이 갔다.

[16]또 비유로 그들에게 말하여 이르시되 한 부자가 그 밭에 소출이 풍성하매 [17]심중에 생각하여 이르되 내가 곡식 쌓아 둘 곳이 없으니 어찌할까 하고 [18]또 이르되 내가 이렇게 하리라 내 곳간을 헐고 더 크게 짓고 내 모든 곡식과 물건을 거기 쌓아 두리라 [19]또 내가 내 영혼에게 이르되 영혼아 여러 해 쓸 물건을 많이 쌓아 두었으니 평안히 쉬고 먹고 마시고 즐거워하자 하리라 하되 [20]하나님은 이르시되 어리석은 자여 오늘 밤에 네 영혼을 도로 찾으리니 그러면 네 준비한 것이 누구의 것이 되겠느냐 하셨으니 [21]자기를 위하여 재물을 쌓아 두고 하나님께 대하여 부요하지 못한 자가 이와 같으니라(눅 12:16-21).

지금 내가 누워 있는 곳과 내가 사는 우리 집이
서로 얼마나 다른가.
지금 나는 풍족한 땅이 아닌 메마른 땅에 둘러싸여 있다.
매일이 먹고살기 위한 전쟁이다.

누구도 남는 물자를 저장하기 위해

더 큰 곳간을 짓지 않는다.

힘든 시기를 대비한 저축이나 연금을 갖고 있는 사람은

아무도 없다.

반면, 내가 사는 곳의 안정성과 성공은

더 큰 곳간을 의미한다.

모든 재물을 보관할 수 있는 더 큰 집.

어떤 상황에서도 버틸 수 있을 만큼 더 큰 저축액.

이렇게 하면 이 세상이 주는 모든 것을 편안하게 누릴 수 있다.

하지만 하나님은 이런 삶을 어리석다 하신다.

이 세상에서 더 많은 재물을 쌓고 더 많은 쾌락을 누리는 건

인생을 낭비하는 지름길이다.

진정으로 부요해지고 싶다면

하나님과 남들에게 후해야 한다.

이것이 지혜로운 삶이다.

[42]주께서 이르시되 지혜 있고 진실한 청지기가 되어 주인에게 그 집 종들을 맡아 때를 따라 양식을 나누어 줄 자가 누구냐 [43]주인이 이를 때에 그 종이 그렇게 하는 것을 보면 그 종은 복이 있으리로다 [44]내가 참으로 너희에게 이르노니 주

인이 그 모든 소유를 그에게 맡기리라 ⁴⁵만일 그 종이 마음에 생각하기를 주인이 더디 오리라 하여 남녀 종들을 때리며 먹고 마시고 취하게 되면 ⁴⁶생각하지 않은 날 알지 못하는 시각에 그 종의 주인이 이르러 엄히 때리고 신실하지 아니한 자의 받는 벌에 처하리니

⁴⁷주인의 뜻을 알고도 준비하지 아니하고 그 뜻대로 행하지 아니한 종은 많이 맞을 것이요 ⁴⁸알지 못하고 맞을 일을 행한 종은 적게 맞으리라 무릇 많이 받은 자에게는 많이 요구할 것이요 많이 맡은 자에게는 많이 달라 할 것이니라(눅 12:42-48).

이 마지막 구절을 읽노라니 내가 얼마나 많이 받았는지를
다시금 생각하게 된다.
내가 태어난 뒤로 하나님께 받은 부를
어찌 다 셀 수 있으랴.
나는 단 하루도 깨끗한 식수나 음식 때문에
걱정해 본 적이 없다.
필요한 옷과 보금자리가 없던 날이 없다.
아플 때 약이 없었던 적이 없다.

나는 세상에서 가장 높은 수준의 교육을 받았다.

필요한 것만이 아니라 원하는 것도 충분히 살 만큼

많은 돈을 벌었다.

내겐 평생 나를 사랑하고 돌봐 준

부모님과 가족, 친구들이 있다.

무엇보다도 나는 복음을 알고

평생 하나님과의 관계를 누려 왔다.

"많이 받은 자"는 바로 나를 두고 하는 말씀이다.

그렇다면 나는 "많이 맡은 자에게는

많이 달라 할 것이니라"는 말씀을 명심해야만 한다.

하나님, 제가 무엇을 하길 원하십니까?

제 가족이 무엇을 하길 원하십니까?

무엇이든 시키는 대로 하겠습니다.

하지만 이런 기도를 드리는 순간에도 저는 자꾸만

제가 원하는 것을 생각합니다.

제 계획과 즐거움을 추구하려는 마음이 자꾸만 생깁니다.

하나님, 제게 주신 모든 것으로

주님이 원하시는 일을 할 수 있게 도와주십시오.

왼쪽

갈림길

아침 식사가 끝나자 각자 배낭을 메고 산을 내려가기 시작
했다. 목적지는 누장(Nujiang)으로, 지구의 외딴 골짜기에
있는 마을이었다. 산길을 내려가면 올라갈 때처럼 근육을
혹사하지는 않지만 대신 관절에 무리가 간다. 한 발을 내딛
을 때마다 발목과 무릎에 상당한 압박이 느껴진다. 또한 미
끄러질 위험이 커진다. 안정된 돌처럼 보여서 발을 디뎠다
가 돌이 흔들리면서 꽈당 넘어지는 일도 발생할 수 있다.

한번은 갈림길이 나타났다. 우리를 인솔하던 나빈은 두
길 중 어디로 가도 상관없이 몇 십 미터 아래 같은 지점에
도착한다고 말했다.

"어느 길이 더 빠른가요?"

내가 묻자 나빈이 대답했다. "왼쪽 길이요."

그때 애런이 우리를 따라잡아 우리의 마지막 대화를 듣
고 말했다. "그건 나빈 생각이고, 내 생각은 오른쪽 길이 더
빠릅니다."

"천만에 말씀!" 나빈이 빙그레 웃으며 응수했다.

승부욕의 화신인 나는 승부를 가릴 기회를 절대 놓치지

않는다. 그래서 재빨리 제안했다. "시합을 하면 어떨까요? 나빈과 저는 왼쪽 길로 가고 나머지는 오른쪽 길로 가서 누가 먼저 도착하나 봅시다."

애런이 씩 웃으며 제안을 받아들였고 나빈도 고개를 끄덕였다. 그런데 가만히 생각해 보니 아무 생각 없이 일을 벌인 것이었다. 천천히 내려오는데도 힘들었는데 아예 달려서 내려가겠다고? 나는 나를 잘 안다. 나는 무조건 이기려고 할 사람이다. 다시 말해, 달려서라도 이기고야 말 사람이다. 하지만 남자가 한번 뱉은 말을 주워 담을 수는 없었다.

"자, 출발!"

애런의 신호가 떨어지자 우리는 용수철처럼 튀어 나갔다. 애런의 팀은 오른쪽으로 가고 나빈과 나는 왼쪽으로 달렸다. 나빈은 이 길을 여러 번 달려서 내려갔다는 걸 곧 알게 되었다. 그는 어디를 밟고 어디를 밟지 말아야 할지 정확히 알았다. 그래서 나는 그의 일거수일투족을 따라하려고 애를 썼다. 점점 가속도가 붙으면서 슬슬 겁이 나기 시작했다. 산 아래로 돌진하는데 어떻게 멈춰야 할지 알 수가 없었다.

나빈이 갑자기 머리 위 나뭇가지를 잡아 브레이크를 거

는 모습을 보고 깜짝 놀라 나도 최대한 똑같이 따라했다. 겨우 멈추고 나서야 왜 그렇게 갑자기 서야 했는지 알 수 있었다. 바로 코앞이 작은 벼랑이었다. 나중에 이 벼랑이 나빈이 이 길이 빠르다고 말한 이유였음을 알게 되었다. 여기서 내려가는 길은 벼랑에서 뛰어내려 가파른 바위 경사면을 미끄러져 내려가는 것뿐이기 때문에 느릴 수가 없었다. 이 사실을 미리 알았다면 내 자존심을 꾹 누르고서 애런을 따라갔을 것이다. 하지만 이미 늦었고 지기는 싫었다.

"제가 하는 대로만 하면 아무 문제 없을 거예요." 나빈이 내 얼굴에 가득한 걱정을 보고 말했다.

나빈은 재빨리 벼랑으로 뛰어내려 쉽게 중심을 잡으며 미끄러져 내려갔다. 곧이어 나도 뛰어내렸다. 나는 볼썽사납게 휘청거리고 때로 넘어지기도 했다. 하지만 과정이야 어쨌든 나는 무사히 바닥에 착지했고, 중요한 건 결과 아닌가.

"자, 힘내자고요. 다 왔어요."

나빈의 말에 나는 벌떡 일어나 그를 쫓아갔다. 벼랑에서 뛰어내리기까지 하고서 진다는 건 있을 수 없는 일이었다.

그리하여 나빈과 나는 남은 절반을 최대한 빠른 속도로 내려갔다. 이제 나는 산사람이 다 되었다. 한번 벼랑으로 뛰어내리고 나면 겁 같은 건 사라져 버린다. 눈 깜짝할 사이에 우리는 빈터에 도착했다. 아직 아무도 없었다.

"해냈어요! 우리가 이겼어요!" 나빈이 얼굴 가득 미소를 띠고 말했다.

나도 따라 웃었다. 몇 초 후에 애런과 크리스가 모퉁이를 돌아왔고, 장비를 잔뜩 짊어진 시그스가 너무 뒤처지지 않게 따라왔다. 그제야 애런은 내게 벼랑 이야기를 해 주었다. 그것이 그가 이 길에서 항상 왼쪽 갈림길을 피하는 이유였다.

깊은 산속의
진료소

산 정상에서도 멀지만 눈에 보였던 마을이라 가까울 줄 알았는데 실제로 가 보니 몇 시간이나 걸렸다. 우리는 처음 만난 건물 앞에서 멈췄고 애런이 우리에게 안으로 들어가라고 권했다.

"마야(Maya)를 소개합니다."

애런이 의사 가운을 입은 30대 초반의 여성을 가리키며 말했다.

"마야는 수도에서 태어났습니다. 중등학교를 졸업한 뒤에 대학에서 간호학을 공부했죠. 지금은 환자들을 돕기 위해 이 마을로 이사를 왔습니다."

마야가 수줍게 웃었다. 애런은 마야가 이곳에 오기 전에는 근방 몇 킬로미터 이내에 병원이 한 곳도 없었다고 설명했다. 그래서 근방 마을들에서 몸이 아픈 사람은 산 아래 도시로 몇 킬로미터나 걸어가서 치료를 받아야 했다.

"그만한 거리를 걸을 만한 건강은 있어야 했던 거죠. 거기까지 걸어갈 수 없으면 치료를 받을 수 없었습니다." 애런이 말했다.

마야가 대학교를 마치자 애런은 이 벽지 마을로 들어와서 자신이 연 진료소를 운영해 달라고 부탁했다.

"마야는 돈을 더 많이 주는 곳으로 얼마든지 갈 수 있었어요. 하지만 이곳을 선택해 주었죠."

마야는 자신에게 쏠린 관심에 얼굴이 붉어지며 나긋한 목소리로 말했다. "그냥 하나님이 주신 것으로 하나님이 원하시는 일을 하고 싶을 뿐이에요."

그 말을 듣자니 그날 아침에 내가 드렸던 기도가 기억났다. "하나님, 제게 주신 모든 것으로 당신이 원하시는 일을 할 수 있게 도와주십시오."

나는 잠깐 생각에 잠겼다. '나라면 이 일을 할 수 있을
까? 내가 마야의 입장이라면 이 머나먼 오지 마을 사람들을
섬기기 위해 성공이 보장된 편안한 길을 마다하고 홀로 여
기로 올라올 수 있을까?'

그렇다고 답하면 좋겠지만 자신이 없었다.

"이분들에게 진료소를 좀 구경시켜 줄래요?" 애런이 마
야에게 부탁했다.

"얼마든지요."

그렇게 우리는 진료소 구경을 시작했다. 진료소라고 해
봐야 방 두 개가 전부였고, 그중 하나를 마야는 약국이라
불렀다. 선반에는 그녀와 애런이 환자들을 위해 힘들게 구
한 온갖 의약품이 늘어서 있었다. 기본적인 백신도 있었고
흔한 병에 사용하는 간단한 약품도 있었다.

"더 많은 약품을 확보하려고 노력하는 중이에요. 그래
야 더 많은 사람들을 도울 수 있으니까요."

그렇게 말한 마야는 우리를 환자들을 만나는 진료실로
데려갔다. 방 한가운데는 환자들이 앉거나 눕도록 작고 평
평한 나무 테이블이 놓여 있었다. 환자 기록부를 보관하는
파일 캐비닛도 있었다. 자신의 일에 관해 이야기하는 내내

마야의 얼굴에는 이 진료소를 통해 몸뿐만 아니라 수많은 영혼을 살리는 일에 대한 순수한 기쁨이 흘러넘쳤다.

"육체적 필요도 어마어마하지만 이 지역 주민들에게 가장 큰 필요는 영적 필요랍니다."

내가 내내 붙들고 씨름했던 복음 전도와 사회적 사역 사이의 긴장을 완벽하게 풀어내며 그리스도 안에서 살아가는 이 아름다운 자매의 말에 절로 고개가 끄덕여졌다. 마야에게는 이 두 핵심이 서로 갈라졌던 적이 없었다. 마야는 이 마을이 육체적으로 절박한 상황에 처한 줄 알기에 주민들의 육체적 치료를 위해 밤낮으로 고군분투한다. 동시에 그녀는 모든 사람에게 가장 필요한 것이 단순한 약이나 치료가 아니라는 사실을 알기에 영혼을 치료해 주는 복음을 선포하는 일에 목숨을 던질 각오가 되어 있었다.

떠나기 전 나는 마야에게 뭐든 하나님이 시키시는 일을 기쁨으로 하는 것이 무엇인지를 몸으로 보여 줘서 고맙다는 말을 전했다. 그러고 나서 모두 마야를 둘러싸고 그녀와 이 진료소를 위해 기도하는 시간을 가졌다.

밖으로 나와 배낭을 어깨에 멜 때만 해도 마야처럼 우리에게 도전을 던지는 아름다운 본보기들을 종일 연달아 계속해서 만나게 될 줄 미처 몰랐다.

우리는 계속해서 다음 마을로 향했다. 가다 보니 길과 강 사이에 네 개의 직사각형 건물로 이루어진 학교가 보였다. 학교 한가운데는 학생들이 모여서 야외 활동을 할 수 있는 안마당이 있었다.

　길에서 벗어나자 애런이 모두 짐을 내려놓으라고 말했다. 첫 번째 건물에 이르자 교실 안에서 아이들의 와자지껄한 소리가 들렸다. 우리는 애런을 따라 첫 번째 교실로 들어갔다. 안에는 긴 의자 네 개에 서른 명 남짓 되는 아이들이 앉아 있었다. 우리가 등장하자마자 온 시선이 우리에게 쏠리며 한바탕 소동이 벌어졌다. 모두가 우리를 가리키며 속닥거리고 낄낄거렸다.

　선생님 한 분은 이 나라에서 태어났고 다른 한 분은 다른 나라에서 왔는데, 아이들을 조용히 시키면서 자기네 말로 손님들에게 인사를 하라고 말했다. 그런 다음 선생님이 손님들에게 최근 배운 노래를 불러 주자고 하자 아이들이 신이 나서 노래를 불렀다. 아이들이 맑은 목소리로 아기자기한 율동까지 곁들이자 그렇게 귀여울 수가 없었다. 순간,

아내 생각이 났다. 초등학교 교사인 아내가 그 자리에 있었다면 너무 좋아했을 것이다. 다른 건물들과 다른 교실들에서도 비슷한 광경이 펼쳐졌다.

네 번째 건물은 교실이 아니라 기숙사와 식당이었다.

"아이들이 여기서 자나요?" 나는 나빈에게 물었다.

"아뇨, 매일 집에서 등하교를 해요."

"그럼 여기는 누가 사나요?"

"선생님들이요. 이 선생님들 중에서 이 마을 출신은 한 명도 없거든요. 아시아인 선생님들은 모두 산 아래 도시에서 학업을 마치고 나서 우리가 세운 이 학교로 기꺼이 와 주신 분들입니다."

듣노라니 마야의 경우와 너무도 비슷했다.

"눈치 채셨겠지만 다른 나라에서 오신 선생님들도 계셔요. 물론 그분들도 다른 데서 공부하고 나서 이곳으로 오신 분들이에요."

나빈의 말을 들으며 건물 안을 둘러보았다. 여성 교사들을 위한 이층 침대들이 있는 공간과 남자 교사들을 위한 이층 침대 공간이 따로 분리되어 있었다. 아울러 이곳에서 살면서 아이들을 가르치는 부부들을 위한 공간이 하나 더 있었다. 침대 주변에는 선생님들의 옷가지와 소지품이 가지

런히 정돈되어 있었다.

작은 식당에서는 선생님들이 아침과 저녁을 해 먹고 점심에는 아이들과 함께 먹을 음식을 준비했다. 길 건너편에는 쭈그리고 앉아 볼일을 보는 수세식 변기인 화변기가 있는 화장실 두 칸과 욕실 한 칸을 갖춘 작은 딴채가 있었다.

"살기 편한 환경은 아니군."

내가 혼잣말처럼 중얼거린 말을 나빈이 들었는지 이렇게 말했다. "선생님들이 편할 줄 알고서 이곳으로 들어오신 건 아니니까요."

다시 마당으로 가자 쉬는 시간인지 아이들이 우르르 달려 나왔다. 나는 아이들이 뛰어노는 모습을 유심히 지켜보았다. 아이들이 선생님 등에 올라타고 팔을 질질 끌고 다니니 선생님들에게는 휴식 시간이 아니었다. 해맑은 아이들, 그리고 이 아이들을 위해 자신과 가족들이 이곳에서 불편한 삶을 감수할 만한 가치가 있다고 믿는 선생님들이 어울려 노는 풍경이 어찌나 아름답던지…….

애런이 내게 다가와 말했다. "이 학교가 세워지기 전까지만 해도 이 아이들에게는 아무것도 없었습니다. 이 학교가 세워진 뒤에도 교사를 찾아야 했죠. 쉬운 일이 아니었습니다. 하지만 하나님께서 다 채워 주셨죠. 이 아이들에게

185

처음으로 교육의 문이 열렸습니다."

애런이 말을 이었다. "공부를 가르치는 건 시작에 불과합니다. 선생님들은 이 아이들을 정말 사랑하기 때문에 그 가족들 상황도 유심히 살핍니다. 그래서 마을에 무슨 문제라도 생기면 진료소 등과 협력해서 발 벗고 나서서 돕습니다. 그리고 이 모든 노력의 중심에는……."

내가 끼어들었다. "뭔지 알겠어요! 가장 중요한 필요인 복음 전도에 집중한다는 거죠?"

"바로 그겁니다!" 애런이 너털웃음을 터뜨렸다.

"이 교사들은 육체적 필요(이 경우에는 교육)와 영적 필요(이 경우에는 복음)를 두루 다룹니다. 영적 필요를 우선시하면서도 둘 중 하나만 선택하지는 않습니다. 교육이 이 아이들에게 온갖 기회의 문을 열어 주지만 교육만으로는 영생의 문을 열 수 없다는 걸 알기 때문이죠."

창의적인
섬김

쉬는 시간이 끝나고 아이들이 교실로 돌아가자 애런이 말했다. "저 앞 찻집에서 또 한 사람을 소개해 드릴게요."

그리하여 우리는 다시 짐을 메고 애런을 따라 길로 돌아갔다. 찻집에 도착한 우리는 안에 들어가 늦은 점심(사실 이른 저녁에 가까웠다. 이곳에서 하룻밤을 묵을 예정이었다)을 먹으려고 테이블에 둘러앉았다. 늘 그랬듯이 콩 수프와 빵, 그리고 (짐작했겠지만) 마살라 차를 주문했다. 잠시 후 덥수룩한 턱수염을 기른 건장한 백인 남성이 나타났다. 나이는 육십 대 초반처럼 보였다.

"벤(Ben)!" 애런이 환하게 웃으며 소리를 질렀다. 두 남자는 진하게 악수를 하며 서로의 등을 두드렸다.

애런이 몸을 돌려 우리를 한 사람씩 벤에게 소개했다. 벤과 애런이 의자에 앉자 우리는 두 사람이 근황을 묻는 걸 유심히 들었다. 벤의 아내 애니(Annie)는 이곳에서 잘 지내고 있고 미국에서 대학을 마친 두 딸도 무탈하다고 했다. 둘 사이에 한참 대화가 오간 뒤에 애런이 몸을 돌려 우리에게 말했다.

"벤 부부는 얼마 전에 이 마을에 와서 누구도 할 수 없는 독특한 도움을 주고 있답니다. 벤, 부끄러워하지 말고 얘기해 보세요. 송어 똥과 복음에 관한 얘기 보따리를 풀어놓아 봐요."

그 말에 모두의 눈이 호기심으로 반짝거렸다. 벤이 강한 남부 사투리로 이야기를 시작했다. "저는 남부, 그러니까 미국 남부(우리가 아시아 남부라고 오해할까 봐 미국이라고 다시 붙인 것 같았다)에서 평생 농업 공학 분야에 종사해 왔습니다. 그런데 애런과 이곳을 찾았다가 식량이 턱없이 부족한 현실을 보았습니다. 곡식이 자라기에는 땅이 너무 척박한 탓이죠. 그래서 내가 도울 방법이 없을까 고민했습니다. 이곳을 다시 찾을 기회를 엿보면서 작은 실험을 했죠. 물고기들을 작은 수조에 넣고 PVC 파이프들을 설치해, 수조에서 식물들을 심은 판으로 수조 물이 흘러가 순환하도록 했습니다. 즉 수조 물이 식물에게 뿌려졌다가 수조로 다시 돌아오도록 설계했어요. 이걸 아쿠아포닉스(aquapoincs)라고 합니다."

우리 모두는 깜짝 놀랐다. 이런 벽지에서 이런 걸 볼 줄은 꿈에도 생각지 못했으니까 말이다.

벤이 열정 가득한 얼굴로 말을 이어 갔다. "물고기 배설물로 시작합니다. 물고기가 물속에 똥을 쌉니다. 그 배설물에는 질산염이 풍부합니다. 질산염은 식물이 자라는 데 사용하는 질소의 형태죠. 다시 말해, 물고기 똥이 식물한테는 먹이가 되는 셈이죠. 그리고 식물이 물고기 똥을 먹으면 물고기의 입장에서는 물이 깨끗해져서 좋고요. 물고기의 생활환경이 좋아지는 겁니다. 그렇게 물고기와 식물은 서로의 성장을 돕습니다. 결과적으로 우리는 생선과 채소를 지속적으로 얻을 수 있죠."

"대단합니다. 정말 창의적이에요!" 시그스가 엄지를 치켜세웠다.

"처음에는 실험이 매우 성공적이었습니다. 하지만 실험이 경과하면서 몇 가지 조정이 필요했죠. 그래서 이번에는 아내까지 데리고 이곳을 세 번째로 찾으면서 이 시스템을 유지하기 위해 태양 에너지를 사용해 보았습니다. 결과는 대성공이었습니다. 아울러 물을 보내는 관으로 대나무가 좋다는 사실도 알아냈습니다. 아직 규모는 작았지만 수확은 대만족이었습니다. 이 방법으로 마을 사람들에게 큰 도움을 줄 가능성을 보았습니다."

"그다음에 일어난 일을 생각하면 얼마나 감사한지 모르겠습니다." 애런이 상기된 얼굴로 말했다.

"그때 저와 아내는 하나님이 저희를 이곳으로 부르신다고 확신했습니다. 하나님은 제가 이런 시스템을 만들 능력을 주셨고, 제가 그 능력을 사용하면 늘 굶주리는 이곳 사람들이 최소한 배는 곯지 않고 살 수 있었죠. 그래서 저희가 이곳으로 온 것은 너무도 당연한 결정이었습니다."

각자의 독특한
은사로

벤의 이야기를 듣노라니 누가복음 12장 48절 말씀이 다시
떠올랐다. "무릇 많이 받은 자에게는 많이 요구할 것이요."

다른 일행들이 벤에게 아쿠아포닉스에 관해서 이런저
런 질문을 던지기 시작했다. 하지만 벤의 본보기에 깊은 감
명을 받은 나는 조용히 내 삶을 생각했다. 나는 농업 공학
기술이 없다. 나는 벤처럼 할 능력이 없다. 내가 낚시나 사
냥, 원예, 건축 같은 야외 활동에 소질이 눈곱만큼도 없다
는 건 누구보다도 내 아내가 잘 안다. 하지만 바로 이것이
벤의 이야기가 던지는 가능성이다. 벤과 나는 서로 완전히
다른 교육, 경험, 재능, 열정을 갖고 있다. 하지만 둘 다 하
나님이 그분의 사랑을 전하고 세상의 절박한 필요를 위해
쓰라고 허락하신 독특한 재능을 각자의 영역에서 최선을
다해 발휘한다.

그렇다. 각자의 '독특한' 도움. 나는 꽤 여러 해 동안 신

학을 공부하고 목회를 했다. 나는 이 세상에서 하나님의 영광을 드러내는 일에 이 두 경험을 최대한 활용하고 싶다. 그런데 그리스도 안에서의 이 형제는 내가 아는 한 신학을 공부한 적도 없고 공식적으로 목회를 한 경험도 없다. 하지만 그는 이 사람들에게 내가 절대 줄 수 없는 도움을 준다.

여기서 한 걸음 더 나아가면, 내 조건으로는 이 나라에 거주할 비자가 나오지 않는다. 복음 전파를 허용하지 않는 이런 국가들의 정부는 대개 목사와 선교사들을 반기지 않는다. 하지만 벤 같은 기술과 경험을 가진 사람들은 환영을 받는다.

최근 비행기에서 만났던 사람이 생각났다. 내 설교 동영상을 통해 나를 알아본 그가 내게 말을 걸었고, 그렇게 긴 대화가 시작되었다. 그의 이름은 휴(Hugh)로, 앨라배마 주 디모폴리스(Demopolis) 출신이었다. 어디를 가는 중이냐고 묻자 자신이 운영하는 목재 사업을 위해 멕시코로 간다고 했다. 사업이 외국까지 뻗어 나갔냐고 묻자 현재 동아시아와 동남아에서 사업을 하고 있고 중동까지 사업을 확장할 계획이라고 했다. 그 대화를 생각하다가 문득 휴가 목재 사업 확장만이 아니라 복음을 확장하시려고 하나님이 그

문들을 여신 것이라는 생각을 하면 얼마나 좋을까 하는 생각이 들었다.

이번에는 또 다른 사람이 생각났다. 그의 이야기는 벤의 이야기와 이상할 정도로 비슷하다(둘 다 똥과 관련이 있다). 그는 말 깔개 사업을 하는데 역시 앨라배마에서 사업을 한다. 앨라배마 북부에는 말의 오줌을 흡수해서 말 깔개용으로 탁월한 목재가 생산되기 때문에 그는 큰 성공을 거두었다. 한번은 그를 비롯한 비즈니스 리더들이 중동으로 사업을 확장해서 복음을 전하는 활로를 열 방법을 모색하는 자리에 함께 참석한 적이 있었다. 마땅한 산업 분야 가운데 하나로 말 깔개 사업을 언급하자 그 남자의 눈이 번뜩였다. 그는 자신의 말 깔개 사업이 중동에서 하나님 나라를 넓힐 수 있는 가능성을 보았다. 나는 하나님의 창조성을 생각하며 웃음을 터뜨렸다. 중동에서 복음을 전하기 위해 말 오줌을 흡수하는 나무를 앨라배마 북부에 심으시다니!

이외에도 여러 가지 예가 떠올랐다. 북아프리카로 이주해서 양탄자 사업으로 승승장구하는 친구들. 그들은 지역 사회에서 북아프리카 전통 양탄자들을 사서 지역 주민들에게 수리와 세탁을 맡긴다. 그렇게 해서 지역 주민들의 생계에도 도움이 되고 그들에게 복음을 전할 기회도 열린다.

이 모든 일을 종합해 보면 하나님이 전 세계에 복음을 전할 길을 여시려고 현재와 같은 글로벌화를 계획하신 것이 아닌가 하는 생각이 들었다. 하나님이 우리가 상상도 할 수 없는 방식으로 사용하기 위해 온갖 종류의 사람들에게 독특한 교육과 경험, 재능, 열정을 주신 것이 분명하다.

우리 그리스도인들이 이런 식으로 생각하면 어떨까? 우리 모두가 벤처럼 생각하면 어떨까? 우리 모두가 아직 예수님을 모르는 곳에 복음을 전파하기 위해 각자 독특한 역할을 할 수 있는 모든 방법을 창의적으로 모색하면 어떨까?

빛과

소금

여기까지 생각했을 때 시그스가 하는 말이 귀에 들어왔다. "벤, 당신 말을 듣고 나니 저도 전 세계에 복음을 전하기 위해 사진 기술을 어떻게 활용할지 고민해 봐야겠군요."

"송어 똥도 쓰일 수 있는데 사진 기술은 얼마든지 귀하게 쓰일 수 있겠죠." 벤이 빙그레 웃었다.

이번에는 애런이 한마디 거들었다. "세상 모든 그리스도의 제자들이 이런 식으로 생각하면 어떤 일이 벌어질지 상상만 해도 즐겁군요."

그때부터 예수님의 제자들이 할 수 있는 다양한 역할을 두고 토론이 이어졌다. 많은 학생들이 좀처럼 복음을 듣기 힘든 나라로 유학을 가서 복음도 전하면서 공부하면 어떨까 하는 의견이 나왔다.

이번에는 크리스가 나섰다. "고등학생들이 좋아하는 축구팀이나 취직, 편의 같은 것보다 복음 전파의 관점에서 대학을 고르면 얼마나 좋을까요? 원하는 공부도 하면서 복음을 듣지 못한 사람들에게 복음도 전할 수 있다면 그야말로 일석이조잖아요."

시그스는 학교를 그만두고 이 땅의 정의를 위해 한 몸을 불사르겠다는 학생들을 여럿 알고 있다고 말했다. 하지만 많은 학생들이 간과하는 부분이 있다. 학위를 따고 나면 정의를 위한 기회의 문이 훨씬 넓어진다는 것이다.

시그스가 말을 이어 갔다. "우리가 오늘 만난 선생님들도 그렇잖아요. 학업을 그만두었기 때문이 아니라 학업을 훌륭히 마쳤기 때문에 이 아이들을 가르칠 수 있는 거잖아요. 대학에서 간호학을 전공한 뒤에 해외 취업 자리를 찾던 젊은 여성 한 명을 알아요. 결국 그녀는 중동의 대도시에 있는 한 유수한 병원에서 근무를 해요. 현재는 그 병원 수간호사로 있으면서 자기 사무실에서 정기적으로 성경 모임을 가진답니다. 워낙 일을 잘하니까 아무도 말을 안 해요."

이런 이야기를 들으니 우리 학생들이 학업을 훌륭히 마쳐서 여러 나라에서 러브콜을 받으면 복음의 불모지에서 전도의 문이 활짝 열리겠다는 생각이 들었다.

이번에는 벤이 입을 열었다. "학생이나 전문가들에게만 기회가 있는 건 아니죠. 저는 육십 대라 은퇴를 생각할 나이인데, 연금을 플로리다 해변에서 골프 치는 데만 쓰기보다는 다른 나라들에서 복음을 전하는 일에 쓸 계획이에요."

그 말에 나는 동남아에 서양인들이 그곳에서 은퇴 후 삶을 즐기도록 막대한 재정적 인센티브를 제시하는 국가가 있다는 말을 해 주었다. 그리고 그곳에는 복음을 들어 보지 못한 사람이 수없이 많다.

"그리스도인들, 이를테면 같은 교회의 몇몇 교인들끼리 함께 그 나라에서 노년을 보내면서 예수님도 전하면 좋지 않을까요?" 나는 그렇게 물었다.

그렇게 벤의 본보기는 "땅의 모든 끝"(시 65:5)에서 빛과 소금으로 살 방법들을 생각하도록 우리의 시야를 크게 넓혀 주었다. 당신과 나를 시작으로 누가복음 12장 48절 말씀을 심각하게 받아들이는 벤 같은 사람들이 더 많이 나타나면 어떤 일이 벌어질지 아주 기대된다.

궁극적인
보물

식사가 끝나고 벤은 우리를 송어 양식장으로 안내했다. 거기서 우리는 벤의 아내를 만났고 부부는 함께 송어 양식 과정을 보여 주었다. 정말로 송어 똥은 상상보다 훨씬 유용한 자원이었다.

구경을 마친 우리는 찻집으로 돌아왔다. 거기서 마야와 학교 선생님들을 만나 기도회를 했다. 애런이 내게 설교를 부탁했고 나는 그날 아침에 읽었던 누가복음 12장을 펼쳐 예수님의 다음 말씀을 큰 소리로 읽었다.

[32]적은 무리여 무서워 말라 너희 아버지께서 그 나라를 너희

에게 주시기를 기뻐하시느니라 [33]너희 소유를 팔아 구제하여 낡아지지 아니하는 배낭을 만들라 곧 하늘에 둔 바 다함이 없는 보물이니 거기는 도둑도 가까이하는 일이 없고 좀도 먹는 일이 없느니라 [34]너희 보물 있는 곳에는 너희 마음도 있으리라(눅 12:32-34).

여기서 나는 예수님이 제자들에게 보물을 포기하라고 요구하시지 않았다는 점을 지적했다. 대신 예수님은 궁극적인 보물을 추구하라고 말씀하셨다. 영원히 지속되는 진정한 보물. 예수님은 지킬 수 없는 단기적인 보물이 아닌 잃을 수 없는 장기적인 보물을 위해 살라고 권고하셨다.

이는 세상이 생각하고 작동하는 방식과는 정반대다. 우리는 즉각적인 만족을 원한다. 우리는 모든 것을 이생에서 당장 갖고 누리기를 원한다. 심지어 당장 최고의 삶을 누리라고 권하는 기독교 서적도 선풍적인 인기를 끌었다. 하지만 예수님의 메시지는 최고의 삶은 나중에 찾아온다는 말씀처럼 들린다. 그 삶은 곧 영원한 삶이다.

예수님은 지금 이생에서 자신의 재물을 어려운 사람들에게 나눠 주고 천국에서 영원한 즐거움을 누리라고 말씀하신다. 왠지 오히려 자신을 챙기라는 말씀처럼 들리지 않는가? 잘 생각해 보면 이 구절은 희생이 아닌 만족으로의 부름이다. 예수님은 제자들에게 궁극적인 보물을 최대한 많이 쌓으라고 말씀하신다.

나는 우리 일행과 벤, 마야, 선생님들의 삶에서 이런 모습을 보았다고 말했다. 그들은 이 오지에서의 봉사를 선택하면서 이 세상의 온갖 즐거움을 포기했다. 재물도 다 팔아서 나눠줬고 안락한 삶도 내던졌다. 하지만 한 가지는 분명하다. 그들은 보물을 위해 살고 있다. 궁극적인 보물, 영원히 지속될 복음이라는 보물을 위해서 산다. 나는 잠시 말을 멈추고 그들 한 명 한 명의 얼굴을 둘러보았다. 그러면서 내가 그날을 시작하면서 썼던 기도를 떠올렸다.

**하나님, 제게 주신 모든 것으로
주님이 원하시는 일을 할 수 있게 도와주십시오.**

이제 하루의 끝자락에서 나는 하나님이 주신 모든 것으로 그분이 부르신 일을 온전히 감당하는 사람들을 보고 있었다. 이십 대에서 육십 대까지 연령대는 다 다르지만 같은 방향으로 가는 그들을 이렇게 격려했다. "진료소에서 환자들을 돌보고, 아이들을 가르치고, 아쿠아포닉스 시스템을 연구하고, 주변 사람들에게 복음을 전할 때 때로는 그 일이 과연 가치가 있을까 하는 의문이 들 때도 있을 겁니다. 여러분이 감내하는 희생과 고생이 그만한 가치가 있을까 헷갈릴 때도 있을 겁니다. 제가 분명히 말씀드리죠. 가치가 있다고 예수님이 말씀하셨습니다. 이 세상 그 무엇도 여러분이 여러분 자신만이 아니라 이 산악지대 사람들을 위해 쌓고 있는 보물에 비할 수 없습니다."

이 말이 내 입을 나갔다가 다시 돌아와 내 가슴에 박혔다. 나도 이런 보물을 위해 살고 싶었다. 나도 하나님이 주신 모든 것으로 예수님이 부르신 일을 온전히 감당하고 싶었다. 내가 기도로 설교를 마친 뒤 모두 인사를 하고 각자의 침소로 돌아갔지만 나는 금방 방으로 돌아가지 않았다. 그 자리에서 나는 짐을 풀어 일기장을 꺼내 다음과 같이 썼다.

하나님, 제게 주신 모든 선물을
복음 전파를 위해 사용하고 싶습니다.

주님이 맡겨 주신 모든 것을 영원한 보물을 쌓는 일에
사용하고 싶습니다.
제가 무엇을 하기를 원하십니까?
이런 곳으로 들어오기를 원하십니까?
제가 이런 사람들 가운데 살면서
제자를 삼고 목회자를 훈련시키기를 원하십니까?

어찌 보면 생각하고 말 것도 없는 것처럼 보입니다.
당연히 이곳으로 들어와야 할 것 같습니다.
복음이 거의 전해지지 않은 곳이니까요.
교회도 목회자도 거의 없고
모든 것이 부족하기 짝이 없습니다.
이곳에는 영원한 보물을 쌓을 기회가 넘쳐 납니다.
이곳으로 오지 않을 이유가 없어 보입니다.

제가 실제로 이곳에서 살지 않고
미국에서 이곳에 더 큰 도움을 줄 수 있는 경우가 아니라면
무조건 이곳으로 와야 할 것 같습니다.
하나님, 주님의 영으로 주님의 뜻을 따라
저와 제 가족을 인도해 주십시오.
제게 주신 모든 것으로
주님이 원하시는 일을 하고 싶습니다.

주님, 진짜 보물, 영원한 보물,

끝없는 만족을 주는 보물을 위해 살고 싶습니다.

예수 그리스도의 이름으로 기도드립니다. 아멘.

당신의 여행기

"무릇 많이 받은 자에게는 많이 요구할 것이요

많이 맡은 자에게는 많이 달라 할 것이니라"(눅 12:48).

이 구절을 읽을 때 개인적으로 무슨 생각이 드는가?

지금 어려운 사람들을 돕고 복음의 소망을 전하기 위해 하나님이 당신에게 주신 독특한 재능을 사용할 수 있는 어떤 기회들이 눈에 들어오는가? 창의력을 발휘해 보라.

그런 재능을 머나먼 외국에서는 어떻게 사용할 수 있을까?

: 헌신에 따르는 대가(代價)

DAY 6
복음은
낭만이 아니다

삶 전체를
드리는 것

이튿날 아침 나는 깊은 갈등 속에서 눈을 떴다. 이번 여행
내내 느꼈던 갈등이 지난밤에는 최고조에 달했다. 하나님
이 나를 이 나라로 부르시는가 하는 고민 속에서 자리에 누
웠더니 밤새 잠을 설쳤다.

그날 아침, 내 머릿속에는 이곳으로의 이주와 관련된
수만 가지 질문이 떠다녔다. 나만을 위한 질문만이 아니었
다. 하나님이 이곳으로 우리 가족을 부르시는지도 모른다
는 말을 했을 때 아내가 내게 던질 온갖 질문들도 생각했
다. 나와 아내와 아이들의 미래는 어떻게 될까도 생각했다.
하나님의 말씀이 절실해진 나는 성경책을 꺼내 누가복음

13-14장을 폈다. 다음 구절로 그날 아침의 성경 읽기를 마무리했다.

[25]수많은 무리가 함께 갈새 예수께서 돌이키사 이르시되 [26]무릇 내게 오는 자가 자기 부모와 처자와 형제와 자매와 더욱이 자기 목숨까지 미워하지 아니하면 능히 내 제자가 되지 못하고 [27]누구든지 자기 십자가를 지고 나를 따르지 않는 자도 능히 내 제자가 되지 못하리라

[28]너희 중의 누가 망대를 세우고자 할진대 자기의 가진 것이 준공하기까지에 족할지 먼저 앉아 그 비용을 계산하지 아니하겠느냐 [29]그렇게 아니하여 그 기초만 쌓고 능히 이루지 못하면 보는 자가 다 비웃어 [30]이르되 이 사람이 공사를 시작하고 능히 이루지 못하였다 하리라 [31]또 어떤 임금이 다른 임금과 싸우러 갈 때에 먼저 앉아 일만 명으로써 저 이만 명을 거느리고 오는 자를 대적할 수 있을까 헤아리지 아니하겠느냐 [32]만일 못할 터이면 그가 아직 멀리 있을 때에 사신을 보내어 화친을 청할지니라

[33]이와 같이 너희 중의 누구든지 자기의 모든 소유를 버리지 아니하면 능히 내 제자가 되지 못하리라 [34]소금이 좋은 것이나 소금도 만일 그 맛을 잃으면 무엇으로 짜게 하리요 [35]땅

에도, 거름에도 쓸 데 없어 내버리느니라 들을 귀가 있는 자
는 들을지어다 하시니라(눅 14:25-35).

전에도 이 본문으로 설교도 하고 글도 써 봤지만, 내 가
족이 예수님을 따르기 위해 이곳으로 들어올 수도 있다는
생각을 하니 이 구절이 전혀 새로운 느낌으로 다가왔다. 이
구절에 관한 내가 가장 좋아하는 인용문 가운데 하나인 목
사이자 저자 존 스토트(John Stott)의 다음 글이 머릿속에 떠
올랐다.

기독교의 풍경은 반쯤 짓다가 버려진 망대들의 잔해로 가득
하다. 짓다가 마무리하지 못한 자들의 흔적들. 먼저 멈춰서
대가를 찬찬히 고민해 보지 않고서는 따를 생각을 하지 말
라는 그리스도의 경고를 무시하고 무턱대고 따르는 자들이
여전히 너무 많다. 그 결과는, 소위 명목상의 기독교라는 심
각한 추문이다. 기독교 문명이 퍼진 국가들에서 수없이 많
은 이들이 그럴듯하지만 얄팍하기 짝이 없는 기독교 허울을
입고 있다. 그들은 약간만 참여한다. 존경을 받을 정도는 참
여하지만 불편해질 정도로 참여하지는 않는다. 그들의 종교
는 부드러운 거대 쿠션이다. 불편하고 딱딱한 삶으로부터는

보호해 주면서 그들의 편의에 맞게 위치와 모양을 수시로 바꿔 준다. 냉소주의자들이 교회의 위선자들을 욕하고 종교를 현실도피로 치부하는 것도 무리는 아니다.[3]

누가복음 14장을 읽노라니 내가 얼마나 쉽게 내 종교를 내 편의에 맞게 변형시킬 수 있는지가 절실히 깨달아졌다. 과연 내가 예수님이 언제 어디로 어떻게 이끄시든 나나 내 가족의 상황을 따지지 않고 무조건 따를 수 있는가? 예수님을 따르려면 가족을 향한 사랑이 미움처럼 보일 만큼 그분을 최고로 사랑해야 한다.

17세기 설교자 존 번연(John Bunyan)이 생각났다. 권력자들은 설교를 그만두지 않으면 감옥에 처넣겠다고 그를 위협했다. 번연은 자신이 투옥되면 아내와 자식들(그중 한 아이는 시각장애인이었다)은 비참한 신세로 전락한다는 걸 잘 알았다. 그가 자유인일 때도 그의 가족은 굶고 헐벗기를 밥 먹다시피 했다. 그러니 그가 감옥에 들어가면 가족들은 사지로 내몰릴 게 뻔했다. 하지만 예수님이 복음 전파로 그를 부르셨으니 도저히 입을 다물고 있을 수 없었다. 그리하여 끝내 그는 감옥에 들어갔고 감방 안에서 다음과 같은 글을 썼다.

이런 곳에 가면 늘 그렇듯, 아내와 불쌍한 자식들과 헤어질 것을 생각하면 내 살점이 뜯어지는 것처럼 고통스러웠다. 처자식을 너무 사랑해서만이 아니라 나 없이 그들이 겪을 온갖 고난과 불행, 가난이 자꾸만 생각났기 때문이다. 특히 앞을 보지 못하는 자식이 가장 마음에 걸렸다. 아, 그 불쌍한 아이가 겪을 고난을 생각하면 내 가슴이 갈기갈기 찢어졌다. …… 하지만 생살이 뜯겨 나가는 한이 있더라도 하나님께 모든 것을 맡겨야 한다고 스스로 마음을 다잡았다. 아, 나는 아내와 자녀들의 머리 위로 우리 집을 무너뜨리려고 하고 있었다. 하지만 반드시 해야 한다, 반드시 해야 한다고 생각했다.[4]

좀 더 큰 사랑만으로는 충분하지 않다. 예수님은 계속해서 삶 전체를 요구하신다. 예수님께 헌신한다는 것은 자신을 부인하고 자신의 생각과 욕심, 계획, 꿈을 죽이는 것을 의미한다. 예수님을 따르는 것은 곧 그분을 삶의 전부로 삼는 것이다. 그래서 일기장에 다음과 같이 썼다.

예수님, 주님은 제 삶의 전부이십니다.

주님이 무엇을 원하시든 그것을 하고 싶습니다.

온 가족을 데리고 이곳으로 오라고 하셔도

그대로 따르겠습니다.

그렇게 되면 저와 제 가족은 어떻게 될까요?

제가 대가를 계산하도록 도와주십시오.

오, 하나님, 이 세상에서 주님이 포기하라고 하시는

모든 것을 포기하겠습니다.

제 기독교를 제 편의에 맞게 변질시키고 싶지는 않습니다.

제 발걸음을 인도하시고,

매 순간 저를 제 자아로부터 지켜 주십시오.

주님의 영을 통해 저를 주님이 원하시는 곳으로

이끌어 주십시오.

예수 그리스도의 이름으로 기도드립니다.

아멘.

짐을 챙긴 뒤 찻집으로 향했다. 아침 식탁에서 나는 크리스와 나빈 옆, 애런과 시그스의 맞은편에 앉았다. 크리스가 내게 그날 아침에는 성경을 어디까지 읽었냐고 물었다. 나는 누가복음 14장의 마지막 부분을 정리해 준 다음 망루를 세우는 건축가나 전쟁을 준비하는 왕처럼 이 세상에서 그리스도를 따르는 대가를 따져 봐야 할 필요성을 설명해 주었다.

그러고 나서 애런에게 물었다. "이런 척박한 환경에서 사역하는 데 일생을 바치기로 결심했을 때 혹시 당신이나 당신 주변 사람들이 치러야 할 대가를 따져 봤나요? 이곳에서의 일이 얼마나 힘들지를 생각해 보셨을 거 아닙니까?"

"좋은 질문이네요. 이런 깊은 산속에서의 사역이 육체적으로 힘들 거라는 점은 당연히 알고 있었죠. 하지만 육체적 어려움은 영적 어려움에 비하면 아무것도 아니라는 걸 곧 깨닫게 되었죠."

"무슨 일이 있었나요?" 크리스가 물었다.

"처음 이 지역에 와서 복음을 전하려고 하자 그 즉시 이곳을 떠나 다시는 돌아오지 말라는 서슬 퍼런 반응이 돌아왔죠. 심지어 다시 보는 날에는 죽이겠다고 협박까지 했습니다."

"이유가 뭐죠?" 시그스가 물었다.

"이곳에는 각종 신, 혹은 신령을 달래 줘야 자신과 집안이 잘된다는 강한 믿음이 있어서 그렇습니다. 이런 신 혹은 신령을 잘 숭배하지 않으면 마을에 나쁜 일이 일어난다고 믿죠. 그래서 우리가 예수님의 제자라는 걸 알고서 우리가 낯선 경쟁 신을 들여와서 자기네 신들을 노엽게 한다고 생각한 겁니다. 그래서 우리더러 당장 떠나라고 한 거죠."

"안타깝군요." 크리스가 몸을 부르르 떨었다.

애런은 계속해서 말을 이어 갔다. "어찌 보면 그들의 생각은 전혀 틀리지 않았어요. 성경에서 영적 전쟁을 언급하시는 말씀을 보면 마귀라고 하는 거짓 신이 실제로 있잖아요. 놈이 수세기 동안 이곳 사람들의 마음과 정신을 현혹시켜 왔어요. 놈은 이곳에서 수 세대 동안 오직 하나뿐인 참신 하나님이 선포되지 못하도록 지독한 방해 공작을 펼쳐 왔지요. 앞으로도 이 상황이 바뀌지 않도록 발악을 할 겁니다."

여기까지 말한 애런은 마치 뭔가를 말하기 싫은 듯 말을 멈추었다. 나는 특별히 할 말이 있는 걸 눈치 채고 물었다. "구체적으로 어떤 방해 공작을 보신 거죠?"

애런은 심호흡을 한번 하더니 무겁게 입을 열었다. "이야기를 하나 해 드리죠. 저도 직접 보지 않았다면 도무지 믿지 못했을 이야기입니다. 듣고 나시면 이곳에서 어떤 영적 전쟁이 벌어지고 있는지 조금은 가늠이 되실 겁니다."

"네, 어서 해 보세요."

"하루는 한 마을을 걷고 있었습니다. 당시는 이곳에 온 지 얼마 되지 않았고, 특히 그 마을은 처음이었습니다. 길을 걷는데 별안간 한 여성이 제 옆을 쏜살같이 지나갔습니다. 삼십 대 중반처럼 보였죠. 제정신이 아닌 것처럼 보여 당황하고 놀랐습니다. 뭔가 단단히 잘못된 것을 분명히 느낄 수 있었어요. 여자는 순식간에 제 시야에서 사라졌습니다.

몇 분 뒤 길 바로 옆에 한 집이 나타났습니다. 그 여자의 집이 분명해 보였죠. 집에 가까이 다가가자 그 여자가 현관에서 빛처럼 튀어나오지 뭡니까. 얼이 나간 표정을 하고는 손에는 병 하나를 들고 있었습니다. 그것이 살충제라는 건 나중에서야 알았죠. 여자는 문 앞에 서 있다가 제가 다가오자 고함을 지르기 시작했습니다. 나는 너무 놀라서 발걸음을 멈췄습니다. 무얼 해야 할지 몰라 멍하니 서 있었어요.

그때 여자가 귀신 들린 것처럼 현지어로 소리를 지르더

니 느닷없이 손에 든 병을 입에 대고 마시기 시작했습니다. 저는 그 병에 무엇이 들었는지 몰랐지만 집 안에 있던 남편이 아이들과 함께 '안 돼! 안 돼! 안 돼!'라고 다급하게 외치며 뛰쳐나오는 걸 보자마자 큰일이 났다는 걸 직감했죠. 하지만 가족들이 다가갔을 때는 여자가 이미 병 안에 든 내용물을 거의 다 마신 후였습니다. 곧 여자는 발작을 일으키며 숨을 헐떡였어요. 남편이 도와 달라고 사방팔방에 소리를 쳤습니다. 저는 즉시 짐을 던져 버리고 그들에게 달려갔습니다. 여자는 의식을 잃기 시작했고 오래지 않아 숨을 쉬지 않았습니다. 제가 어떻게든 되살리려고 애를 써 봤지만 소용이 없었습니다. 몇 분 만에 여자는 숨을 거두었습니다."

우리는 아침 식탁에 조용히 앉아 각자 머릿속에서 이 광경을 상상했다.

"한 여자가 남편과 자식들 앞에서 자살하는 모습을 보다니…… 정말 끔찍하고 무서운 순간이었습니다. 그것도 제가 이 마을에 들어왔을 때 그런 일이 벌어졌으니까요."

"그 여성을 원래 알았나요?" 시그스가 물었다.

"아뇨, 저는 이 마을에 와 본 적도 그녀를 만난 적도 없었어요. 그 여자가 제 옆을 지나쳐 달려갈 때 처음 본 겁니다."

애런은 다시 말을 멈췄다가 이내 다시 입을 열었다. "그때 이 지역의 굶주림과 질병 같은 육체적 전쟁은 사람들의 마음과 정신을 위한 영적 전쟁에 비하면 아무것도 아니라는 걸 깨달았죠. 그래서 저는 스스로에게 물을 수밖에 없었습니다. 제가 이런 전쟁 속으로 뛰어들 준비가 되어 있느냐고요."

시그스와 크리스가 애런에게 몇 가지 질문을 더 하는 동안 내 마음은 다시 하나님이 나와 내 가족을 이곳으로 부르시는지에 관한 질문으로 돌아갔다. '내가 이런 전쟁 속으로 뛰어들 준비가 되어 있는가?'

그리고 이것은 나만의 문제가 아니었다. 문득 우리가 전날 토론했던 학생, 사업가, 은퇴자들의 해외 복음 전파 기회에 관한 생각이 들었다. 정말이지 생각할수록 쉬운 결정이 아니었다. 전쟁을 준비하는 왕처럼 반드시 따져 봐야 할 대가가 있다.

알리샤의
용기 있는 선택

곧 아침 식사가 끝났고 우리는 룬체(Lhuntse)라는 마을을 향해 다시 길을 나섰다. 룬체에서 우리의 계획은 목회자와 교회 개척자들의 작은 그룹을 훈련시키는 일에 동참하는 것이었다. 우리가 전날 방문했던 학교의 현지인 교사 중 한 명도 오늘의 여정에 동참했다. 그 교사의 이름은 알리샤(Alisha)였다. 여행이 다시 시작되자마자 애런이 내 옆으로 붙어서 의미심장한 어조로 말했다.

"두어 시간 걷는 동안 기회를 봐서 알리샤에게 살아온 이야기를 좀 해 달라고 해 봐요. 누가복음 14장에 관한 새로운 깨달음을 얻으실 수도 있습니다."

얼마 뒤 길이 넓어지자 나는 알리샤 곁으로 갔다. 알리샤는 수도에 있는 한 대학에서 교육학 학위를 막 마친 이십 대 초반의 여성이었다. 부드러운 목소리에 예의 바르면서도 수줍은 태도는 그녀가 겪어 온 짧지만 모진 세월을 완벽하게 가려 주었다. 이 지역의 아름다운 경관에 관한 대화가 잠시 오가다가 내가 기회를 봐서 물었다. "선생님 가족에 관한 얘기 좀 해 주실래요?"

"오빠가 한 명 있는데 절에 살아요. 오빠가 어릴 적에 부모님이 거기로 보냈죠. 그때부터 오빠는 승려가 되기 위한 공부를 해 왔어요."

"고향은 어디인가요?"

"산속 깊은 곳에 있는 마을이에요."

"부모님은 아직도 거기 사시고요?"

"부모님은……." 알리샤는 잠시 뜸을 들였다. "음, 아무래도 그 이전 얘기부터 해야 할 것 같네요. 저는 저희 가문에서 '흉일'이라고 믿는 날에 태어났어요. 저희 마을은 미신에 깊이 빠져 있었는데 특정한 날을 불길하게 여겼어요. 그런데 하필 제가 그런 날에 태어난 거죠.

제 할아버지는 악마의 대변자였어요. 사람들은 할아버지가 악마와 소통할 수 있다고 믿었죠. 제가 그 흉일에 태어났을 때 할아버지는 제가 악마를 숭배하기 위해 태어났다고 선언했어요. 그래서 제가 서너 살이 되었을 때부터 할아버지는 제 부모님에게 제가 매일 악마에게 제물을 바쳐야 한다고 말했어요. 그래서 부모님은 집 밖에 악마에게 제사하는 제단을 갖춘 작은 공간을 만들었죠. 어릴 적 밤마다 시꺼먼 어둠 속에서 그 작은 공간까지 걸어가 악마에게 제물을 바쳤던 기억이 나요. 매일 밤이요. 얼마나 무서웠는지 몰라요."

알리샤의 이야기를 듣노라니 우리 집 막내가 생각났다. 다섯 살짜리 막내 얼굴에 늘 걸려 있는 미소가 떠올랐다. 지금도 마찬가지지만 그 아이가 겨우 서너 살이었을 **때** 악마에게 제물을 바치라고 캄캄한 밤에 홀로 어두운 장소로 보낸다는 건 상상도 할 수 없는 일이었다.

"그러던 어느 날 아버지의 삶이 송두리째 변하는 계기가 찾아왔어요. 한 시각장애인 아저씨가 가이드와 함께 우리 마을을 지나 다른 마을로 가는 길이었어요. 그 아저씨는 우리 집에 와서 아버지에게 예수님을 전했어요. 예수님께 마귀와 죄를 이길 권세가 있다고 하셨죠. 예수님이 유일하게 참된 하나님이시며, 그분이 마귀와 죄, 죽음을 정복하기 위해 이 땅에 오신 덕분에 우리가 죄를 용서받고 진짜 하나님과 올바른 관계를 회복할 수 있다고 하셨어요."

"아버님이 그전에도 복음을 들으신 적이 있나요?"

"아뇨, 그때가 처음이었어요. 하지만 아버지가 예수님을 믿는 데는 그리 오래 걸리지 않았어요. 아버지는 마귀같은 다른 신을 숭배하는 것이 옳지 않다는 걸 깨달으셨죠. 아버지는 예수님을 믿기로 결심하셨어요."

함께 걷는데 마음이 한없이 흐뭇해졌다. 이 머나먼 마을까지 와서 알리샤의 아버지에게 복음을 전해 준 그 시각장애인이 너무도 고마웠다. 두 눈이 멀쩡한 나도 이 좁고 가파른 길을 걷는 것이 고역인데, 앞을 볼 수 없는 사람에게는 얼마나 힘들고 위험천만한가. 사지가 멀쩡한 우리는 복음의 불모지에 예수님을 전하지 못한다고 그 어떤 핑계도 대지 말아야 할 것이다.

알리샤가 계속 말을 이어 갔다. "아버지는 완전히 딴사람이 되었어요. 세상만사를 전혀 새로운 눈으로 보기 시작하셨죠. 아버지는 그 시각장애인 아저씨가 준 성경책을 홀로 그리고 나중에는 가족들과 함께 읽었답니다. 얼마 있지 않아 어머니도 예수님을 믿었지요. 물론 저도 악마에게 제물을 바치는 일을 더 이상 하지 않았어요. 대신 아버지는 저한테 예수님을 가르치셨지요."

"할아버지의 반응은 어땠나요?"

"길길이 날뛰셨죠. 할아버지만이 아니라 온 마을이 발칵 뒤집혔어요. 할아버지를 비롯한 마을 사람들은 우리 아버지가 마을에 낯선 신을 들여와서 마을에 곧 재앙이 닥칠 거라고 믿었어요."

애런이 그날 아침 식사 자리에서 말했던 마귀의 방해공작이 바로 이런 경우를 두고 하는 말이었다.

알리샤의 말이 계속되었다. "결국 얼마 지나지 않아 우리 가족은 마을에서 철저히 배척을 당했습니다."

"어떻게요?"

"일단, 우물 사용을 금지 당했어요. 어쩔 수 없이 다른 마을까지 가서 물을 길어 와야 했죠. 아무도 저희와 식사를 함께하지 않는 것은 물론 아무도 저희 집에 찾아오지 않았어요. 투명인간 취급을 당한 거죠."

이 말에 지독히 가슴이 아팠지만 이어지는 이야기는 그야말로 충격 그 자체였다.

"그러던 어느 날……." 알리샤의 음성이 떨려 왔다. "제가 열두 살 때였을 거예요. 아버지와 어머니가 물과 음식을 구하러 다른 마을로 가셨어요. 그런데 시간이 늦도록 돌아오시지 않았고 슬슬 걱정이 되었죠. 그때 마을 지도자들이 저희 집에 찾아와서 부모님이 돌아오시는 길에 산사태가 났다지 뭐예요. 바위가 두 분의 머리 위로 곧장 떨어지는 바람에 두 분 다 산 아래로 굴러 떨어져 목숨을 잃었다고 했어요."

"오, 선생님…… 정말 가슴이 아프셨겠어요."

알리샤의 뺨을 타고 눈물이 흐르고, 내 눈에도 이슬이 맺혔다. 알리샤는 잠시 말을 멈추고 감정을 추슬렀다. 나는 충분한 시간을 주려고 일부러 아무런 말도 하지 않았다. 한참 후 알리샤가 침묵을 깼다.

"하지만 부모님은 그렇게 돌아가신 게 아니었어요."

"뭐라고요?"

"두 분은 산사태로 돌아가신 게 아니에요."

나는 혼란스러웠다. "네?"

알리샤는 말하기가 두려운 듯 잠시 뜸을 들였다가 고통스러운 표정으로 입을 열었다.

"마을 지도자들이 돌로 쳐서 죽였어요."

나는 벌린 입을 다물지 못한 채 계속해서 귀를 기울였다.

알리샤는 눈물을 훔치며 계속해서 말했다. "몇 년 뒤에 마을 지도자들이 그날 저희 부모님을 어떻게 살해했는지 전말을 알게 되었지요. 그자들은 부모님이 죽을 때까지 돌을 던졌어요. 그러고 나서 두 분의 시체를 산 아래로 밀어 버린 거죠. 그렇게 해 놓고서 산사태 이야기를 꾸민 뒤 자기들이 경고한 것처럼 낯선 신을 마을에 들이면 산신령이 노해서 재앙을 내린다는 거짓말을 퍼뜨렸어요."

알리샤의 이야기는 현재로 넘어왔다. "지금까지도 저희 마을 주변에서 누군가가 예수님에 관한 이야기를 할 때마다 주민들은 '예수를 숭배하지 마시오! 그자를 숭배했던 유일한 자들에게 어떤 일이 일어났는지 잊지 마시오. 그자들은 산사태가 나서 목숨을 잃었소'라고 겁을 줍니다."

그러나 알리샤는 그런 끔찍한 일을 겪고도 변함없이 예수님을 따르고 싶었다고 말했다. 혼자 남겨진 뒤에 그녀는 학교에 입학하면서 도시에서 살았다. 그리고 몸담을 교회도 찾았다.

알리샤는 세례받는 것을 극도로 걱정스러워했다. 그렇게 되면 마을 주민들은 물론이고 친척과 여전히 절에서 수련하는 오빠와 완전히 등을 질 수밖에 없다는 걸 잘 알았기 때문이다. 하지만 오빠와 많은 대화를 나누고 대가를 충분히 따져 본 그녀는 몇 년 전 세례를 받고 그리스도를 믿는 믿음을 공개적으로 고백했다. 이제 대학을 마친 그녀는 전날 우리가 묵었던 마을에서 아이들을 가르치고 자신의 부모가 순교당한 이 산악 지역의 복음화를 위해 최선을 다한다.

위험한
메시지

알리샤와 나란히 걷다 보니 앞서 가던 일행이 쉬는 곳에 도착했다. 우리도 짐을 내려놓고 물통을 가득 채운 다음 길이 내려다보이는 바위 위에 엉덩이를 붙였다.

순간, 이 모든 것이 비현실처럼 놀랍게만 느껴졌다. 그런데 흥미로운 사실은 길을 갈수록 놀라움의 대상이 달라졌다는 것이다. 처음에는 경치가 놀라웠다. 물론 오해하지는 말라. 경치는 여전히 숨 막히도록 아름다웠다. 여전히 사방이 카메라 셔터만 누르면 작품이 될 정도로 기가 막혔다. 하지만 지금은 주변 사람들이 훨씬 더 놀랍게 느껴졌다. 바로 이 산에서 태어나고 자란 알리샤와 나빈. 이들의 이야기를 알고 나니 내가 이토록 대단한 사람들과 나란히 걷고 있다는 사실이 놀랍기만 했다.

30분 남짓 되는 휴식 시간이 끝나자 우리는 짐을 짊어지고 다시 길을 떠났다.

"다음 마을이 멀지 않았어요. 오늘은 거기서 하루를 마무리할 겁니다." 애런이 말했다.

이번 마을이 그날의 마지막 구간이라는 소리를 듣고 나서 나는 조금 뒤로 처져서 그날 아침에 들은 이야기들을 깊이 생각했다. 애런과 알리샤의 이야기를 생각할수록 정신 똑바로 차리지 않으면 제자의 삶에 대해 낭만적인 시각을 품고 심지어 그런 시각을 말과 행동으로 드러내기가 너무도 쉽다는 걸 새삼 깨달았다.

나는 온 세상에 복음을 전하는 일로 사람들을 부르기 위해 설교를 하고 책을 쓰고 SNS도 적극 활용해 왔다. 하지만 그날 아침, 내가 사람들을 무엇으로 부르고 있는지가 전에 없이 피부에 와 닿았다. 나는 누군가의 자살 현장을 목도할 수도 있는 영적 전쟁으로 사람들을 부르는 것이었다. 나는 복음을 믿으면 돌에 맞아 죽을 수도 있는 곳에서 복음을 전하라고 외치는 것이었다.

그리고 이것은 남들만의 문제가 아니다. 나는 하지 않으면서 남들에게 하라고 말할 수는 없으니까 말이다. 이제 나는 이곳에서의 삶이 쉬우리라는 일말의 환상도 없다. 무엇보다도 이곳에서의 사역이 쉬울 리는 만무하다. 복음이 전해지지 않은 곳에는 그만한 이유가 있는 법이다. 그만큼 복음이 파고들기 어렵기 때문이다. 그만큼 위험한 곳이기 때문이다. 쉬운 길은 이미 다 시도해 봤을 것이 분명했다.

위험천만한 지역에서 살면서 섬길 생각을 하니 누가복음 14장 말씀이 더욱 와닿았다. 왜 나를 비롯한 북미의 거의 모든 그리스도인들, 특히 교회가 득세한 지역의 그리스도인들에게 예수님의 이런 말씀이 왜 그토록 먼 나라 얘기처럼 들릴까 하는 생각을 예전부터 많이 했었다. 미국에서는 예수님을 따르는 것이 별로 큰 대가가 따르는 일처럼 느껴지지 않는다. 물론 어느 정도 시간과 돈을 투자해야 한다. 하지만 알리샤의 부모처럼 돌에 맞아 죽거나 내가 이틀 전에 만난 목사처럼 무일푼으로 일가친척에게 버림을 받을 위험은 없다.

하지만 바로 이 지점이 우리와 누가복음 14장의 예수님 말씀 사이에 괴리가 발생한 지점이 아닐까 싶다. 물론 나는 나를 태어날 때부터 복음을 들을 수 있는 집안에서 태어나게 해 주신 하나님께 감사한다. 예수님을 따르기 위해 내 목숨이나 전 재산을 대가로 치르지 않도록 나를 사랑하고 돌봐 준 부모님과 친구들, 교회 식구들을 붙여 주신 하나님께 감사한다. 하지만 내가 이렇게 감사만 하고 내 목숨과 재산을 나만을 위해 움켜쥔다면 스스로에게 진지하게 물어야 한다. '과연 내가 진정으로 예수님을 따르는 것인가?'

누가복음 14장에 따르면 답은 "아니다"이다. 왜냐하면 진정한 그리스도인이라면 어디든 예수님이 이끄시는 곳으로 따라가기 위해 내 삶과 계획은 기꺼이 내려놓을 수 있어야 하기 때문이다. 그리고 예수님을 따르면 필연적으로 그분의 사랑을 아직 모르는 사람들 앞에 이를 수밖에 없다. 필연적으로 그분의 공급하심이 절실한 사람들을 마주칠 수밖에 없다. 그러면 '필연적으로' 내게 큰 대가가 따르게 되어 있다.

그래서 나는 예수님이 누가복음 14장에서 말씀하신 대가를 피할 유일한 길은 그분을 따르지 않는 것뿐이라는 결론을 내렸다. 스스로 그리스도인이라고 주장하면서 영적으로 육체적으로 절박한 상황에 처한 세상을 향해 한쪽 눈을 감은 채로 안락한 삶에 젖어 있는가? 형편이 어려운 사람들에게 쥐꼬리만 한 시간과 푼돈을 주면서 실질적으로는 자기중심적인 삶에 푹 빠져 있는가?

그날 그 길 위에서 나의 현주소가 분명히 눈에 들어왔다. 내가 과거에 어떤 설교를 하고 어떤 글을 썼든 상관없이 나는 여전히 언제라도 누가복음 14장에 묘사한 대로 예수님을 따르지 않을 소지가 다분한 나약한 인간이었다. 내 안에 세상의 고통에서 벗어나 안위로 흐르려는 유혹이 늘 존재한다는 현실을 새롭게 깨달았다. 이 유혹은 너무 강해서 그리스도를 진정으로 따르는 삶에는 늘 대가가 따른다는 사실을 내게 매일같이 새롭게 일깨워 줄 알리샤와 애런 같은 그리스도 안에서의 형제자매가 반드시 필요하다.

달밧 무제한 리필
뷔페

이윽고 남은 하루를 보낼 다음 마을에 도착했다. 각자의
방에 짐을 풀고 점심을 먹으러 다시 모였다. 그날의 메뉴
는 달밧(dal bhat)이었다. 우리가 내내 먹었던 콩 수프의 변
형이라고 보면 된다. 중앙에는 하얀 쌀밥이 소복이 쌓인
은색 접시가, 그 옆에는 달(dal)이라고 부르는 콩과 채소 카
레, 다양한 향신료로 이루어진 걸쭉한 갈색 수프가 듬뿍 담
긴 은색 그릇이 놓여 있었다. 먹을 줄 아는 사람은 달을 밥
위에 붓는다. 소스가 밥알 사이로 스며들면 바로 그것이 달
밧이다.

이방인들이 찾아오면 게스트하우스 주인들은 부리나케
숟가락을 찾지만 현지인들은 숟가락을 사용하지 않는다.
현지식을 많이 해서 현지인이 다 된 이방인들은 주인이 숟
가락을 주면 고개를 흔든다. 현지인처럼 먹으려면 먼저 오
른쪽 손만 사용해야 한다(왼손은 예부터…… 음…… 그냥 '덜 깨끗
한' 작업에 사용한다고만 해 두자).

오른손을 들고 가운데 세 손가락을 모아 숟가락 모양을
만든다. 그런 다음 달을 부은 밥 밑으로 그 손가락들을 밀

어 넣는다. 세 손가락이 밥 아래로 들어가면 엄지손가락을 사용하여 달밧을 그 세 손가락 안으로 밀어 넣는다. 그런 다음 엄지와 세 손가락으로 밥을 단단히 잡고서 손을 들어 입으로 가져간다. 그렇게 음식을 (손가락들과 함께) 입에 넣으면 특이한 아시아 향신료 냄새가 입안을 가득 채운다.

그릇을 싹 비울 때까지 이 과정을 반복한다. 하지만 그릇을 비운다고 끝이 아니다. 그릇의 밥과 달이 바닥이 날 즈음 주인이 더 많은 밥과 달을 갖고 다시 나타난다. 달밧 무제한 리필 뷔페라고나 할까. 입맛에만 맞으면 두 번이고 세 번이고 얼마든지 먹을 수 있다.

우리가 달밧을 즐기는 동안 애런이 남은 일정을 브리핑했다. "오늘 밤 이 마을에서 몇몇 목사님들과 교회 지도자들이 모이는 자리에 참석할 겁니다. 다들 따로 직업이 있고, 그분들 중 한 부부만 교회에서 사례비를 받습니다."

"그분들은 다른 마을에서 오시나요?" 시그스가 물었다.

"네, 그렇습니다. 대부분이 아주 먼 길을 걸어서 오십니다. 저희는 그분들에게 성경을 가르치고 교회를 개척하는 방법을 훈련시킬 겁니다."

하지만 결과적으로는 우리가 오히려 그들에게 배우고 훈련을 받은 꼴이 되었다.

우리는 달밧으로 부른 배를 두드리며 성경책을 들고 마을
이 내려다보이는 작은 양철집으로 향했다. 지은 지 얼마 되
지 않은 모습이었다. 교회가 모이는 곳임을 한눈에 알아볼
수 있었다. 안에서는 스무 명 남짓한 사람들이 둘러앉아 차
와 담소를 나누며 우리를 기다리고 있었다. 우리도 원에 합
류하여 차를 마시며 교제를 시작했다.

그때부터 늦은 밤까지 장장 열두 시간에 걸쳐 기도하고
성경을 공부하고 서로를 격려하는 모임이 이어졌다. 그러
는 사이 나는 내가 본 가장 겸손하고 친절하고 온유하고 강
인한 목사 및 교회 지도자들과 꽤 친해졌다. 내 오른쪽에
앉은 사람은 램(Ram)과 라실라(Rasila)였다. 램은 원래 알코
올의존증 환자였다.

"마을 최고의 망나니로 유명했죠." 램이 말하자 아내인
라실라가 고개를 끄덕였다.

"밖에서만 망나니가 아니라 집에서는 더 심했죠. 자상
한 남편과는 거리가 멀었고 애들한테도 좋은 아빠가 아니
었어요. 매일 술을 퍼 마시며 온갖 나쁜 짓을 하느라 집에

들어오는 날이 손에 꼽을 정도였죠. 저녁을 차려 놓아도 오지 않는 날이 부지기수였어요. 그렇다고 집에 오면 집에서 웃음소리가 나는 것도 아니었고요."

지난날의 아픔으로 라실라의 눈시울이 붉어졌다. "어떤 날은 정말 죽고 싶을 만큼 괴로웠어요. 하지만 아이들의 눈을 보면 차마 그럴 수 없었죠."

이번에는 램이 아내의 말을 이어 받았다. "그러던 어느 날 어떤 분께 복음을 들었습니다. 예수님을 믿으면 죄를 용서받아 새로운 삶을 얻고 하나님과 관계를 맺을 수 있다는 말을 들었죠. 하나님이 원하시는 남자요 남편이며 아버지가 될 수 있다고 하더군요."

"하루는 남편이 집에 왔는데 너무 뜻밖이었어요. 글쎄, 술을 먹지 않고 멀쩡한 정신으로 온 거 있죠. 게다가 이상한 말들을 하기 시작했어요. 예수님을 믿고 싶다며 온 가족이 함께 예수님을 믿자고 하더군요."

"그 말을 듣고 어떤 생각이 드셨나요?" 내가 물었다.

"도대체 무엇이 남편을 저렇게 달라지게 만들었는지 알고 싶었어요. 남편은 전혀 딴사람처럼 굴었어요. 우리를 사랑하고 잘 돌봐 주고 싶다고 말하는데, 정말 남편이 맞나 싶더라고요. 어쨌든 그래서 예수님에 관해 더 알고 싶어졌고 결국 저와 아이들도 예수님을 따르기로 결심했습니다. 지금 남편은 세상 누구보다도 자상한 남편이고 아버지예요." 라실라의 얼굴이 기쁨으로 환하게 빛났다. "이제 저는 세상에서 가장 행복한 여자요 아내랍니다."

"선생님께 복음을 전해 주신 분은 누구인가요?" 내가 묻자 램은 빙그레 웃으며 건너편에 앉은 다른 부부를 가리켰다.

불타 버린
집과 사역

램 부부 반대편에는 서준(Seoujun)과 진(Jin) 부부가 앉아 있었다. 서준 부부는 이 지역 출신이 아닌 걸 한눈에 알 수 있었다. 내가 이곳에서 산 지 얼마나 되었냐고 묻자 서준이 대답했다.

"십 년쯤 되었습니다. 아내와 저는 다른 나라에서 이곳으로 이민을 왔습니다. 가난하고 병든 사람들을 도우며 복음을 전하고 싶었죠. 이 나라에 처음 왔을 때 도시에서 살지 않기로 결심했습니다. 산속으로 들어가 절박한 사람들에게 최대한 가까이 다가가고 싶었죠. 그래서 이곳에 집을 짓고 그 옆에 어려운 사람들을 돕는 공간도 따로 마련했습니다. 그리고 어느 날 램을 만나고 그로부터 얼마 있지 않아 라실라 부인도 만났죠."

"그 뒤로 계속 여기 사셨나 봅니다."

"그렇지는 않아요."

서준이 대답하고 나자 이번에는 진이 나섰다. "어느 날 밤 밖에서 소란스러운 소리가 났어요. 뭔가 문제가 생긴 걸 직감했죠. 문 쪽으로 걸어가면서 창문 밖을 보니 총과 횃불을 든 남자들이 보였어요. 갑자기 남자들이 창문을 부수기 시작했고 저는 공포에 질려 비명을 질렀어요. 제 평생에 그렇게 두렵기는 처음이었어요."

"그들은 우리에게 당장 마을을 떠나라고 소리를 질렀어요. 우리가 문 밖으로 뛰쳐나가자 그들은 우리 집과 별채에 불을 질렀죠. 그러고 나서 우리에게 총을 겨누며 고함을 질렀어요. '두 번 다시 돌아오지 마! 다시 우리 눈에 띄면 죽여 버릴 테니까!'"

남편이 말하자 아내는 침통한 표정으로 입을 열었다. "너무 슬펐어요. 하나님이 저희를 이 마을로 부르셨다고 믿어 의심치 않았지만, 이제 저희가 고집을 부리고 이곳을 떠나지 않으면 우리만이 아니라 램과 라실라 부부 같은 사람들도 위험해질 수밖에 없었죠. 그래서 다음 날 아침, 저희집을 불태운 사람들을 위해 특별히 기도하고 나서 이 마을을 떠나 다른 마을로 갔습니다. 그 집과 사역 센터가 불에 탔을 때 우리의 사역도 함께 타 버렸다고 생각했어요."

"그런데 어떻게 이곳으로 다시 돌아오셨죠?"

내가 묻자 서준이 대답했다.

"그 후 몇 년 동안 저희는 램 부부를 비롯해서 예수님을 믿은 후 이곳에 교회를 세운 주민들과 꾸준히 연락을 취했습니다. 그들을 통해 점점 더 많은 사람이 예수님을 믿고 있다는 기쁜 소식을 들었죠. 예수님은 이 마을과 이곳 주민들의 삶과 가정을 강하게 변화시키고 계셨어요."

이번에는 다시 아내가 나섰다.

"그러던 어느 날 이 마을에 자연재해가 일어나 백 가구 이상의 집이 무너졌다는 소식을 들었습니다. 램 부부가 도움이 필요하다고 해서 저희는 목숨을 걸고 다시 이곳으로 왔어요. 자원봉사자와 구호물품을 열심히 동원한 결과 하나님의 은혜로 무너진 모든 집을 다시 지을 수 있었답니다."

"지금 우리가 앉아 있는 이 건물을 그때 지으신 거군요?"

"좋은 질문입니다. 하지만 이번 대답은 다른 분이 해야 할 것 같군요."

서준이 건너편에 앉은 한 남자를 가리켰다. 그는 자신
을 비샬(Bishal)이라고 소개했다.

잿더미에서 일어난
기적

비샬은 그 건물에서 가장 늙고 투박하고 거칠어 보였지만
얼굴에 가득한 미소만큼은 누구보다도 순수해 보였다. 하
지만 이야기가 시작되면서 그 미소는 곧 사라졌다.

"저는 부족의 전사였습니다. 외부 세력의 침입으로부터
마을을 보호하는 것이 제 임무였죠. 그 외부 세력에는 그리
스도인들도 포함되었고요."

내가 이 길을 걷는 동안 똑똑히 확인한, 이 지역 사람들
의 기독교를 향한 맹렬한 적대감을 생각하면 뭔가 엄청난
사연이 나올 것 같은 예감이 들었다.

"예전에는 그리스도인들이 우리 지역을 파멸시키기 위
해 들어온 스파이들이라고 생각했죠. 그래서 오래전 이 지
역에 그리스도인들이 들어왔을 때 우리 지휘관은 내게 병

사들을 이끌고 가서 그들에게 즉시 떠나지 않으면 죽이겠다는 엄포를 놓으라고 명령했습니다. 그래서 어느 날 밤 부하들과 함께 총과 횃불을 들고 그 그리스도인들의 집에 찾아갔죠."

내 시선은 서준 부부에게 꽂혔다가 다시 비샬에게로 돌아왔다.

"그날 밤 저분들이 사는 집 문을 두드린 사람이 바로 당신이군요?"

내가 묻자 비샬이 고개를 끄덕였다.

"서준 형제님의 얼굴에 총을 겨누고서 어서 떠나라고 윽박질렀죠. 그러고 나서 두 분의 집과 그 옆에 있는 건물을 불태웠습니다."

비샬의 이야기를 듣다가 문득 진의 말이 기억났다. 진은 다음 날 아침 떠나기 전에 부부의 목숨을 위협하고 집을 태운 사람들을 위해 기도했다고 말했다.

"오랫동안 저는 그리스도인들이 우리 마을에 얼씬도 하지 못하게 막았고, 램과 라실라 부부를 비롯한 마을 내의 그리스도인들이 함부로 행동하지 못하도록 압박해 왔습니다. 그런데 그 자연재해가 일어났을 때 제가 협박해서 쫓아냈던 그들이 무너진 집들을 짓는 데 힘을 보태겠다며 찾아

왔지 뭡니까. 어리둥절했지만 그들의 도움을 거절하기는 싫었어요. 이후 몇 달 내내 그들은 식량을 비롯해서 필요한 물품을 우리에게 가져다주었습니다. 그렇게 우리는 힘을 합쳐 무너진 집들을 다 완벽히 복구했습니다."

모든 사람의 얼굴에 미소가 피어오르는 동안 비샬은 이야기를 계속 이어 갔다.

"그때 진짜 기적이 일어났습니다. 바로 저 같은 사람이 예수님의 제자가 된 것이죠. 예수님을 영접하자마자 저는 이 교회 건물을 세우기 위해 제 땅을 내놓았습니다."

비샬은 나를 보며 말했다.

"쉽지는 않았습니다. 지휘관을 비롯한 다른 전사들이 저를 배반자로 낙인찍는 바람에 많은 땅을 잃었죠. 하지만 그럴 만한 가치가 있었습니다. 저 부부들을 통한 하나님의 사랑 덕분에 제 삶과 제 가족, 이 마을이 이렇게 변했습니다."

비샬은 건너편에 있는 서준 부부를 한번 쳐다봤다가 다시 옆에 앉은 램 부부를 바라보았다.

나는 아무 말도 하지 않았다. 램과 라실라 부부가 이 마을에서 교회를 개척할 뿐 아니라 다른 마을들에 교회를 세우기 위한 선교사들을 보낸 과정을 이야기하는 내내 나는 묵묵히 듣기만 했다. 이제 이 지역뿐 아니라 다른 언어를 사용하는 지역들에서까지 복음을 전하고 새 교회를 개척하는 강력한 교회 네트워크가 탄생했다. 서준과 진 부부가 시작한 사역은 결코 불에 타서 없어지지 않았다.

힘든
일

그 방에 있는 지도자들은 다 이 지역의 교회 네트워크에 속한 사역자들이었다. 비샬의 사연에 이어서 하나님이 어떤 역사를 행하고 계시며 이곳의 교회들이 어떤 난관에 봉착했는지에 관한 이야기들을 계속해서 들을 수 있었다.

니수(Nisu)라는 여성은 남편과 함께 문자가 없는 깊은 산골 마을에 교회를 세운 이야기를 전했다. 그 부부는 마을 주민들과 힘을 합쳐 문자를 만들기 시작했다. 많은 사람이 큰 기대감을 품었지만 그 프로젝트를 시작한 지 얼마 되지 않아 마을 지도자 중 한 명이 주민들을 모아 놓고 니수 부부를 헐뜯기 시작했다. "그자들이 우리 글자를 만들려는 유일한 속셈은 성경을 번역하려는 거요. 우린 성경 따위는 필요하지 않소. 그러니 이 일을 당장 그만둬야 합니다."

꽤 많은 사람이 그런 선동에 넘어가 자기네 문자를 만들어 주는 고마운 프로젝트를 방해하기 시작했다.

사이(Sai)라는 남자는 자신이 목회하는 교회가 지난 십 년 동안 한 마을에 교회를 세우려고 노력해 왔지만, 누군가가 복음에 관심을 보이기 시작할 때마다 그 마을에 안 좋은 일이 일어나 고민이 많다고 말했다. 그가 거듭된 실패담을 털어놓자 애런이 내 쪽으로 몸을 기울여 속삭였다.

"이것이 이곳으로 들어오는 사람들 중에 상당수가 결국 포기하는 이유랍니다. 정말 힘든 일이죠. 하룻밤 새에 이루어지는 성공은 없어요. 그래서 터널 끝에 빛이 보일 때까지 십 년이고 이십 년이고 변함없이 사역할 일꾼들이 필요합니다. 하지만 이곳에 오는 많은 사역자들과 그들을 보내는 대부분의 미국 교회들은 그렇게 오래 버틸 의지가 없답니다."

맞는 말이었다. 그래서 괴로웠다. 사실 나 자신에게도 끝까지 버틸 의지가 있는지 의심스러웠다.

마지막으로, 비벡(Bibek)이라는 남자가 자신이 목회하는 지역의 처절한 육체적 상황을 토로했다. 그의 마을은 너무 외져서 기본적인 물자도 들어오기가 힘들다. 그리고 그가 오기 전까지는 그 마을에서 복음을 들어 본 사람은 단 한 명도 없었다. 감사하게도 이제 그곳에서도 작은 교회가 모이고 있고 교인들은 서로를 가족처럼 아끼고 사랑한다고 했다. 비벡은 어떻게 하면 그들을 잘 이끌 수 있을지 고민하고 있었다.

"얼마나 외진 마을이죠?" 내가 물었다.

"아주 외졌죠." 비벡의 말에 방 안에 있는 모든 사람이 빙그레 웃었다.

"여기까지 오는 데 얼마나 걸렸는지 물어보세요." 램이 내게 말하며 윙크를 했다.

"얼마나 걸리셨나요?"

"3주쯤 걸렸습니다."

하나님이 뜻하신
교회

교회로 모이기 위해 며칠, 심지어 몇 주를 걸어서 찾아온 교회 지도자들에게 어떤 말씀을 전해야 할까? 그 기회이자 도전 앞에서 나 자신이 한없이 작게 느껴졌다. 모임 전에 애런은 내게 오후와 저녁 시간에 교회에 관한 하나님 말씀의 가르침을 전해 달라고 요청했다. 그래서 그렇게 했다.

몇 시간에 걸쳐 우리는 하나님이 원래 뜻하신 교회의 모습을 묘사한 성경의 다양한 구절과 이미지를 살펴보았다. 교회에 관한 하나님의 말씀에 관해 가르치고 토론하다 보니 두 가지 새로운 깨달음이 찾아왔다.

첫째, 하나님이 뜻하신 교회가 어떤 모습인지 알기 위해 성경을 들여다보는 일은 반드시 필요하다. 지난 며칠간의 경험을 돌아보면서 이 마을들에는 교회가 필요하지만 미국식 교회가 필요하지는 않다는 사실을 깨달았다. 그들에게는 성경적인 교회가 필요하다.

이 교회 지도자들과 말씀을 살피다 보니 미국에서 내가 교회에 관해 했던 말의 상당수가 기껏해야 성경 외적이고, 심지어 비성경적이기까지 한 문화적 전통에 초점을 맞추고 있었음을 깨달았다. 예를 들어, 이 형제자매들과 성경을 읽다 보니 교회당 건축이나 프로그램 개발, 교회 직원 관리 같은 요즘 교회들의 주된 관심사는 성경 어디에서도 찾아볼 수 없었다. 문득 궁금해졌다. '성경을 믿고 가르치는 미국 교회들은 성경에 없는 것들에 왜 그토록 집착하는가?'

히말라야의 교회만이 아니라 내가 사는 곳에 있는 교회

에 가장 필요한 것 중 하나는 깨끗해진 새로운 눈으로 성경책을 펴서 "우리 교회가 정말로 이 성경이 그리는 교회인가?"라고 묻는 것이다.

이 깨달음은 누가복음 14장과 관련된 두 번째 깨달음으로 이어졌다. 진정한 그리스도인이 되기 위해서는 대가를 충분히 따져보고 어디든 예수님이 이끄시는 대로 따라가기 위해 자신의 삶과 재물과 계획과 꿈을 내려놓아야 한다. 그렇다면 교회는 이런 식으로 대가를 따진 뒤 자신의 삶을 내려놓은 사람들의 모임을 의미한다. 그날 내가 그 방 안에서 본 것이 바로 이런 모임이었다.

그곳에서는 누구도 그리스도를 따르는 길이 쉽다는 착각에 빠져 있지 않았다. 문화적으로 그리스도인이 되는 것을 허용해서 그곳에 찾아온 사람은 한 명도 없었다. 그리스도를 따르는 것이 가장 편안한 삶이어서 그곳에 찾아온 사람은 한 명도 없었다.

그날 그 방에 모인 모든 사람은 하나님의 사랑을 전하기 위해서 자신을 희생하고 고생을 하며 곤란한, 심지어 위험한 상황에 처해야 할 줄 분명히 알고서도 예수님을 온전히 따르기로 결심했기 때문에 먼 발걸음을 했다. 각자 앞에 성경책을 펴고 앉은 그 모임에서 나는 이곳이야말로 하나님이 의도하신 교회라는 생각을 했다.

침낭에 들어간 건 자정이 지나서였다. 몸이 고단했지만
영은 날아갈 듯 상쾌했다. 눈을 감기 전에 나는 일기장을
펴서 다음과 같이 썼다.

알리샤, 램, 라실라, 서준, 진, 비샬, 니수, 비벡을
만난 뒤 교회가 세상을 바꿀 수 있다는 확신이
그 어느 때보다도 강해졌다.

우리가 제대로 된 교회가 되면,
우리의 방식이나 이념, 트렌드, 전통에 따른 교회가 아니라
하나님의 말씀에 따른 교회,
우리가 그리스도인이 되는 대가를 충분히 계산한 뒤
하나님이 원래 뜻하신 그런 교회가 되면,
그러면 세상이 바뀐다.

당신의 여행기

지금 당신이 예수님을 따르기 위해 치러야 하는 대가는 무엇인가?

더 큰 대가가 따르는 순종의 행위들에는 무엇이 있을까?

성경을 믿고 가르치는 요즘 교회들이 성경에 없는 것들에

그토록 집착하는 이유는 무엇이라고 생각하는가?

이런 상황을 바꾸는 데 당신이 어떤 역할을 할 수 있을까?

DAY 7
통계 속 숫자가 아닌
'이름을 가진
한 사람'에게로

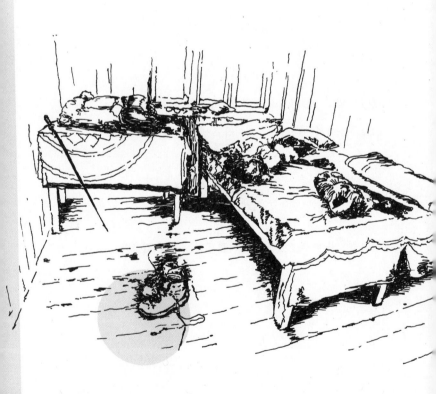

한 사람을
찾고 또 찾으시는 분

마침내 이번 트레킹의 마지막 날이 왔다. 애런이 고도가 낮아질수록 따뜻해질 거라고 했는데 정말 그랬다. 밤새 침낭을 열고서 잤다. 그날은 재킷도 필요 없을 것 같았다. 산속에서 몇 백 미터 거리가 만들어 내는 차이가 실로 놀라웠다.

성경책을 펴서 다시 누가복음을 읽었다.

[1]모든 세리와 죄인들이 말씀을 들으러 가까이 나아오니 [2]바리새인과 서기관들이 수군거려 이르되 이 사람이 죄인을 영접하고 음식을 같이 먹는다 하더라 [3]예수께서 그들에게 이 비유로 이르시되

4너희 중에 어떤 사람이 양 백 마리가 있는데 그중의 하나를 잃으면 아흔아홉 마리를 들에 두고 그 잃은 것을 찾아내기까지 찾아다니지 아니하겠느냐 5또 찾아낸즉 즐거워 어깨에 메고 6집에 와서 그 벗과 이웃을 불러 모으고 말하되 나와 함께 즐기자 나의 잃은 양을 찾아내었노라 하리라 7내가 너희에게 이르노니 이와 같이 죄인 한 사람이 회개하면 하늘에서는 회개할 것 없는 의인 아흔아홉으로 말미암아 기뻐하는 것보다 더하리라

8어떤 여자가 열 드라크마가 있는데 하나를 잃으면 등불을 켜고 집을 쓸며 찾아내기까지 부지런히 찾지 아니하겠느냐 9또 찾아낸즉 벗과 이웃을 불러 모으고 말하되 나와 함께 즐기자 잃은 드라크마를 찾아내었노라 하리라 10내가 너희에게 이르노니 이와 같이 죄인 한 사람이 회개하면 하나님의 사자들 앞에 기쁨이 되느니라

11또 이르시되 어떤 사람에게 두 아들이 있는데 12그 둘째가 아버지에게 말하되 아버지여 재산 중에서 내게 돌아올 분깃을 내게 주소서 하는지라 아버지가 그 살림을 각각 나눠 주었더니 13그 후 며칠이 안 되어 둘째 아들이 재물을 다 모아 가지고 먼 나라에 가 거기서 허랑방탕하여 그 재산을 낭비하더니

¹⁴다 없앤 후 그 나라에 크게 흉년이 들어 그가 비로소 궁핍한 지라 ¹⁵가서 그 나라 백성 중 한 사람에게 붙여 사니 그가 그를 들로 보내어 돼지를 치게 하였는데 ¹⁶그가 돼지 먹는 쥐엄 열매로 배를 채우고자 하되 주는 자가 없는지라 ¹⁷이에 스스로 돌이켜 이르되 내 아버지에게는 양식이 풍족한 품꾼이 얼마나 많은가 나는 여기서 주려 죽는구나 ¹⁸내가 일어나 아버지께 가서 이르기를 아버지 내가 하늘과 아버지께 죄를 지었사오니 ¹⁹지금부터는 아버지의 아들이라 일컬음을 감당하지 못하겠나이다 나를 품꾼의 하나로 보소서 하리라 하고

²⁰이에 일어나서 아버지께로 돌아가니라 아직도 거리가 먼데 아버지가 그를 보고 측은히 여겨 달려가 목을 안고 입을 맞추니 ²¹아들이 이르되 아버지 내가 하늘과 아버지께 죄를 지었사오니 지금부터는 아버지의 아들이라 일컬음을 감당하지 못하겠나이다 하나 ²²아버지는 종들에게 이르되 제일 좋은 옷을 내어다가 입히고 손에 가락지를 끼우고 발에 신을 신기라 ²³그리고 살진 송아지를 끌어다가 잡으라 우리가 먹고 즐기자 ²⁴이 내 아들은 죽었다가 다시 살아났으며 내가 잃었다가 다시 얻었노라 하니 그들이 즐거워하더라

²⁵맏아들은 밭에 있다가 돌아와 집에 가까이 왔을 때에 풍악과 춤추는 소리를 듣고 ²⁶한 종을 불러 이 무슨 일인가 물은

대 ²⁷대답하되 당신의 동생이 돌아왔으매 당신의 아버지가 건강한 그를 다시 맞아들이게 됨으로 인하여 살진 송아지를 잡았나이다 하니 ²⁸그가 노하여 들어가고자 하지 아니하거늘 아버지가 나와서 권한대 ²⁹아버지께 대답하여 이르되 내가 여러 해 아버지를 섬겨 명을 어김이 없거늘 내게는 염소 새끼라도 주어 나와 내 벗으로 즐기게 하신 일이 없더니 ³⁰아버지의 살림을 창녀들과 함께 삼켜 버린 이 아들이 돌아오매 이를 위하여 살진 송아지를 잡으셨나이다 ³¹아버지가 이르되 얘 너는 항상 나와 함께 있으니 내 것이 다 네 것이로되 ³²이 네 동생은 죽었다가 살아났으며 내가 잃었다가 얻었기로 우리가 즐거워하고 기뻐하는 것이 마땅하다 하니라(눅 15:1-32).

이 세 이야기에 공통적으로 흐르는 주제 하나가 눈에 들어왔다. 첫 번째 이야기는 백 마리 양 중에 한 마리 양에 관한 이야기다. 두 번째 이야기는 동전 열 개 중에 한 개에 관한 이야기다. 세 번째 이야기는 (물론 맏아들도 이 이야기의 의미와 관련이 있지만) 한 아들에 관한 이야기다. 이 모든 이야기에서 하나를 잃어버렸다가 되찾는다. 그리고 이 모든 이야기에서 그 하나를 찾았을 때 주체 못할 기쁨을 누리고 축하

248

를 받는다.

　이 세 이야기가 공통적으로 가리키는 의미는 분명하다. 하나님은 한 명을 찾는 데 초점을 두신다. 생각할수록 놀랍지 않은가? 하나님은 우주를 운행하고 은하계를 지탱하고 나라를 다스리고 70억 명 이상의 사람들을 먹여 살리시느라 바쁘기 짝이 없는 분이다. 그런데 성경은 하늘이 이런 우주적 신비와 거시적 현실에 기뻐한다고 말하지 않는다. 죄로 인해 하나님과 떨어졌던 한 사람이 하나님께로 회복될 때 하늘에서 특별한 일이 일어난다.

　이 구절을 읽다가 나라는 한 사람을 향한 하나님의 은혜가 너무도 감격스러워 일기장을 펴서 써 내려갔다.

하늘에 계신 하나님 아버지,
저를 찾아 주셔서 감사합니다.
잃어버린 제 영혼,
죄로 물든 영혼을 찾아 주셔서 감사합니다.
저를 주님의 아들로 삼아 주셔서 감사합니다.

하지만 그 주에 그 많은 것을 보고 나서는 여기서 멈출 수 없었다. 내가 만난 사람들의 얼굴을 떠올렸다. 카말, 시잔과 아기 아미르, 처음에는 내 손을 잡았다가 나중에는 내게 침을 뱉었던 그 귀한 소녀, 우리에게 차를 대접했던 부부와 세 살배기 딸, 타오르는 시신 앞에서 슬피 울던 남녀들, 우리가 방문했던 학교에서 천진난만하게 웃고 떠들던 그 아이들, 충성스러운 목사들……

하나님은 단순히 무리를 사랑하시지 않고 그들 한 사람 한 사람을 전부 사랑하신다. 나도 그런 모습을 닮고 싶다. 그래서 다음과 같이 썼다.

하나님, 제 삶에서 주님처럼 찾고 또 찾는 사랑이
나타나게 해 주십시오.
주님은 잃은 자를 찾으십니다.
주님은 다수를 놔두고 한 사람을 찾아 나서는 분이십니다.
하나님, 저와 제 가족, 저희 교회를 통해
찾아 구원하고 사랑하며 용서하시는
아버지의 모습을 보여 주십시오.
제가 주변의 한 사람을 돌보게 도와주십시오.

제가 모든 것을 내려놓고

주님이 이끄시는 한 사람에게로 갈 수 있게 해 주십시오.

제가 사는 곳이든, 이 히말라야 산골이든

어디든 주님이 이끄시는 대로 가게 해 주십시오.

이 글을 쓸 때만 해도 하나님이 내게 한 사람의 중요성
을 가르치기 위해 어떤 일을 준비 중이신지 전혀 몰랐다.

그냥 숫자가
아니다

침낭을 말아서 (최소한 이번 트레킹에서는) 마지막으로 배낭에
쑤셔 넣었다. 지난 며칠 사이에 일 년치 가치에 해당하는
만남을 경험했는데, 겨우 한 주밖에 지나지 않았다는 사실
이 믿기지 않았다. 짐을 싸는데 밖에서 소란스러운 소리가
들렸다. 숨을 헐떡거리며 다급하게 애런을 찾는 여성의 목
소리였다. 애런이 방에서 나오는 소리가 들렸고, 우리도 따
라 나갔다.

"니야나(Niyana) 선생님, 도대체 무슨 일이에요?"

애런이 잔뜩 긴장한 얼굴로 물었다.

니야나는 우리가 이틀 전에 방문했던 학교에서 가르치는 교사였다. 그녀는 우리가 어제 아침 떠날 때 그 마을에 머물렀는데, 오늘 우리를 만나기 위해 꼭두새벽같이 일어나 부리나케 산을 내려온 것이었다.

"끔찍한 소식이 있어요."

같은 학교에서 가르치는 알리샤도 어느새 나와 니야나 옆에 서 있었다.

"프라딥(Pradip) 아시죠?" 니야나가 알리샤를 보며 말했다.

알리샤는 고개를 끄덕이고 나서 애런을 보며 말했다. "저희 학교에 다니는 다섯 살짜리 친구예요."

그러고 나서 다시 니야나 쪽으로 몸을 돌려 물었다. "그런데 무슨 일이죠?"

"이틀 전에 학교에 와서 친구들과 잘 놀았어요." 니야나는 우리 쪽으로 몸을 돌려 계속해서 말했다. "다들 보셨을 거예요. 조금 피곤해 보이긴 해도 선생님 말씀에도 집중하고 운동장에서도 신나게 뛰어놀았어요. 그런데 집에 갈 때는 몸이 좀 안 좋다고 하더군요. 그런데 그날 밤에 심한 설사와 구토를 하기 시작했대요. 결국 다음 날 결석을 했어요. 저희는 무슨 일이 있는지 전혀 몰랐고요. 증세는 점점 나빠

졌고 결국 지난밤 늦게 프라딥은 숨을 거두고 말았어요."

니야나의 눈에서 눈물이 비 오듯 쏟아졌다.

알리샤의 얼굴에 충격이 가득해지고 눈물이 뺨을 타고 하염없이 흘렀다.

"알리샤 선생님께는 꼭 알려야 할 것 같아서요. 프라딥 가족에게 어서 가 보세요."

알리샤는 프라딥을 특히 예뻐해서 그 가족과도 잘 알고 지냈다.

"당장 짐을 챙겨서 나올게요. 빨리 같이 가요."

알리샤가 눈물을 훔치며 자신의 방으로 들어갔다. 문이 닫히고 흐느끼는 소리가 들렸다.

우리 모두 말없이 서 있었고, 애런이 부드러운 목소리로 말했다. "니야나 선생님, 저희가 프라딥의 가족을 위해 도울 게 있을 것 같은데요."

니야나가 고개를 끄덕였고, 두 사람은 한쪽으로 떨어져 이야기를 나누었다.

나머지 일행은 조용히 각자의 방으로 돌아가 짐 싸는 걸 마무리했다. 나는 내 배낭 앞에 서서 이틀 전에 보았던 아이들의 모습을 떠올렸다. 내가 눈으로 보고 귀로 들은 이 산골의 어려움에도 불구하고, 36시간 전만 해도 이 아이들

중 한 명이 급작스러운 발병으로 죽는다는 건 상상조차 할 수 없었다. 물론 애런에게서 아이들의 절반 가까이가 여덟 번째 생일을 넘기기 전에 죽는다는 통계에 관해 듣기는 했지만 "절반의 아이들"이라는 표현은 여전히 내게 막연한 숫자일 뿐 상상이 가질 않았다. 하지만 지금 내 앞에는 단순한 숫자가 아닌 이름이 있다. 프라딥이라는 아이. 집에 있는 내 아들 아이제이어와 같은 다섯 살짜리 아이.

페이지 위의 숫자만 보면 빈곤을 대수롭지 않게 넘기기 쉽다. 통계만 보면 가난을 모른 체하기 쉽다. 하지만 가난한 사람 한 명을 보면 모든 것이 달라진다. 빈곤한 사람 한 명과 가까이 어울리고 나서 이틀 뒤에 그가 죽으면 모든 것이 달라진다. 그는 죽었다. 그냥 죽은 것이 아니라 가난해서 죽었다.

아이제이어가 설사와 구토를 해도 크게 걱정할 건 없다. 깨끗한 식수를 충분히 먹이고 나서 간단한 알약 하나만 삼키게 하면 웬만하면 진정된다. 그래도 증상이 지속되면 밤이든 낮이든 상관없이 근처 병원에 가면 의사가 금방 원인을 진단하고 치료해 준다. 설사와 구토 정도로 호들갑을 떨 일은 없다. 우리에게 이것은 특권이라고 말하기도 민망하다.

침대에 앉아 스스로에게 물었다. '내게 있는 부와 특권으로 무엇을 해야 할까?'

이제 내게 가난한 사람들을 모른 체하고 그들을 도울 수 있는 기회를 그냥 흘려보낸다는 건 더 이상 있을 수 없는 일이 되었다. 잠언 21장 13절의 말씀이 그 어느 때보다도 강하게 내 심장을 관통했다. "귀를 막고 가난한 자가 부르짖는 소리를 듣지 아니하면 자기가 부르짖을 때에도 들을 자가 없으리라." 그리고 그날 아침 읽은 누가복음 15장 말씀을 떠올리니 이제 내게 '가난한 사람들'은 막연한 통계요 집단이 아니었다. 이제 그들은 내게 사람들이었다. 프라딥처럼 이름을 가진 사람들.

내가 프라딥 같은 '한 사람'에게 어떻게 반응하느냐에 따라 하나님도 내게 똑같이 반응하실 것이다. 생각할수록 등에 땀이 흐른다. 부와 특권을 조금이라도 가진 그리스도인들이라면 식은땀을 흘려야 마땅하다.

어떻게 살아야 할까? 내가 이 지역의 수많은 사람들을 위해 의료 시스템을 바꿔 줄 수는 없다. 하지만 이 아이들 중 한 명을 돌보기 위해 내가 할 수 있는 일이 분명히 있다. 내가 이 가족들 중 한 명을 위해 도울 수 있는 일이 분명히 있다. 누가복음 15장 말씀에 따라 최소한 나도 '한 사람'을 사랑해 줄 수 있다. 하지만 몇 분 뒤에 그것마저도 쉽지 않다는 걸 절실히 깨달아야 했다.

상식을 뛰어넘는
사랑의 수고

다들 그날 아침의 슬픈 소식을 곱씹느라 아침 식사 시간은 정적이 흘렀다. 알리샤와 니야나는 밥을 뜨는 둥 마는 둥 하고 나서 식탁에서 일어났고, 우리가 다 함께 기도를 해 주자마자 서둘러 길을 떠났다. 심지어 애런도 아무 말이 없었다. 오랫동안 이 지역에서 사역을 했어도 이런 비극에는 도무지 적응이 되지 않는 듯했다.

식사를 마친 뒤 애런이 그날의 일정을 브리핑했다. "오늘 아침에는 이번 트레킹 코스의 마지막 지점까지 짧은 길을 걸을 겁니다. 거기서 도시로 돌아갈 버스를 탈 겁니다. 걸으면서 간식을 좀 배에 채워 넣으세요. 속이 비면 구불구불 울퉁불퉁 산길이 여간 괴롭지 않을 겁니다."

그 즉시 우리 모두는 마지막 간식과 초코바를 꺼내 호주머니에 넣었다. 배낭을 어깨에 메고 걷기 시작하면서 나

는 속으로 인정했다. '내일 이 무거운 짐을 지지 않고 걸으면 살맛이 나겠군.'

오래지 않아 크리스와 시그스, 애런이 저 앞에서 길을 멈추고 몇몇 남자들과 이야기를 나누는 것이 보였다. 그들 중 한 명은 길 위에 놓인 의자에 앉아 있었다. 볼수록 이상한 광경이었다. 가까이 다가가니 애런과 그들의 대화가 들렸다. 참으로 믿을 수 없는 광경이었다!

그들 중 한 명이 의자에 앉아 있는 쿠시(Kush)라는 남자가 우리가 며칠 전 예배를 드렸던 마을에 산다고 설명했다. 쿠시와 함께 있던 두 남자는 그곳 교회 교인들이었다. 최근 쿠시가 밭에서 일을 마치고 귀가하는데 산에서 거대한 바위가 굴러떨어졌다. 쿠시는 재빨리 몸을 피했으나 그 바람에 산비탈 아래로 굴러 두 다리를 크게 다쳤다. 최소한 다리 한쪽이 부러진 것 같은데 양쪽 모두 고통이 극심했다. 다행히 사람들이 그를 발견해서 끌어올렸지만 그는 걸을 수 없었다. 계속해서 걷지 못하는 것으로 보아 치료가 시급했지만 근처에는 그만한 치료를 할 곳이 없었다.

교인들이 이 소식을 듣고 쿠시를 산 아래 병원으로 데려가기로 했다. 그리하여 두 사람이 나무 의자와 로프를 구해 왔다. 그들은 쿠시를 의자에 앉히고 단단히 묶었다. 그런 다음 등짐처럼 어깨에 멜 수 있도록 의자에 두 줄로 로프를 달아 고리를 만들었다. 이런 설명을 들으며 나는 의자에 끈으로 묶인 남자를 보며 속으로 고개를 가로저었다. '이런 방법이 통할 리가 있나.'

하지만 내 생각이 틀렸음을 곧 알았다. 애런과 남자들 사이에 조금 더 대화가 오간 뒤에 한 남자가 쭈그리고 앉아 로프로 만든 고리에 양팔을 끼워 넣었다. 그러고 나서 두 번째 남자가 쿠시와 의자를 첫 번째 남자의 등 쪽으로 기울였다. 그와 동시에 첫 번째 남자가 몸무게 70킬로그램에 육박하는 남자를 등에 멘 채 서서히 일어났다. 그러고 나서 첫 번째 남자는 구부린 몸으로 길을 걸어가기 시작했다.

여행자의 편의를 위해 인체공학적으로 설계된 겨우 10킬로그램짜리 배낭을 등에 메고도 이 길을 걷는 것이 얼마나 힘든지를 지금쯤이면 이 책을 읽는 당신도 조금은 느꼈으리라. 게다가 높고 가파르고 좁은 길에서 툭툭 튀어나온 바위들, 밟고 넘어가거나 돌아가야 하는 길 위에 솟은 온갖 크기의 돌들, 계속해서 거치적거리는 나뭇가지들 때문에 트레킹 난이도는 배가된다.

그러니 이 남자가 다른 사람이 앉은 의자를 등에 메고 걷는 모습은 충격 그 자체였다. 두 사람은 지난 이틀 동안 쿠시를 번갈아 메고 온 것이 분명했다. 그들도 이 길의 끝에서 버스를 타고 병원에 갈 계획이었다.

며칠 전 누가복음 5장에서 친구들이 중풍병자를 메고서 예수님께로 갔던 이야기가 생각났다. 다른 사람을 등에 메고 걷는 남자를 뒤따라 걷노라니 내 짐이 갑자기 가볍게 느껴졌다. 이 광경을 보며 그날 아침에 읽은 누가복음 15장 말씀을 돌아보니 한 사람을 돌보는 것이 항상 생각만큼 쉽지는 않다는 사실이 새삼스럽게 깨달아졌다.

한 사람을
찾을 때

길을 걷다 보니 애런이 말한 대로 기온이 높아져 이내 땀이 흘렀다. 엿새 전만 해도 너무 추워 땀을 흘린다는 건 상상도 할 수 없었다. 그런데 트레킹의 이 마지막 구간에서는 옷을 하나씩 벗게 되었다.

풍경도 달랐다. 엿새 전에 트레킹을 시작할 때는 천지가 온통 하얀색이었다. 하지만 지금은 사방에 푸른색과 밝은 갈색이 가득했다. 강을 따라 공중에 매달린 철제 다리들을 휘청휘청 건너갔다. 다리의 바닥은 쇠살대로 엮여 있어서 저 아래에서 하얀 물보라를 일으키며 흐르는 급류가 훤히 내려다보였다. 개중에는 튼튼한 다리도 있었고 강한 돌풍이 불면 마구 흔들리는 다리도 있었다. 그럴 때면 간담이 서늘해서 걸음아 나 살려라 내달리게 된다.

길을 걸어가면서 지난 한 주간을 되돌아보았다. 아내와 아이들에게 내가 경험한 것들을 어떻게 설명해야 할까? 말로 제대로 묘사하기란 불가능할 것만 같았다. 그러면서도 빨리 가족들을 만나 내가 보고 들은 모든 것을 이야기해 주고 싶은 마음이 굴뚝같았다.

하지만 내가 경험해야 할 것들이 아직 더 있었다. 이 길의 끝이 가까워 오자 애런은 버스에 타기 전에 두 곳에 잠깐 들를 것이라고 말했다. 첫 번째 장소는 장애아 센터였다. 특히 우리는 말킷(Malkit)이라고 하는 십 대 소년을 만날 예정이었다.

만나 보니 말킷은 뇌성마비에 걸려 근육 협응력, 시력, 청력, 언어 능력, 음식을 삼키는 능력이 다 저하된 상태였다. 말킷은 우리가 지나왔던 마을 중 한 곳에서 태어났다. 말킷이 열 살 때 나빈이 헛간에 갇혀 있는 그를 발견했다. 가족들은 말킷이 저주를 받았다고 믿고 어떻게 돌봐야 할지 몰라 헛간에서 짐승들과 함께 살게 방치했다. 나빈이 발견했을 때 말킷은 걷는 법도 몰랐다. 자신도 한때 헛간에 갇혀 살았던 나빈은 즉시 말킷을 구해 내기 위한 작업을 시작했다. 나빈과 애런은 말킷 가족의 도움으로 그 아이를 산 아래로 데려왔고, 여러 고마운 사람들과 함께 그 아이에게 하나님의 사랑을 보여 주었다. 그리고 얼마 전에는 그 아이를 이 센터로 데려와 특수한 돌봄을 받게 했다.

우리가 들어가자 애런과 나빈을 본 말킷의 만면에 전염성 강한 미소가 번졌다. 애런과 나빈에게로 걸어가(그렇다. 이제 그 아이는 걸을 수 있다!) 둘을 한꺼번에 안는 녀석의 얼굴에는 기쁨이 가득했다. 말킷은 비록 어눌한 발음이지만 두 사람이 자신을 사랑해 줘서 얼마나 고마운지 모른다고 말했다. 또한 좋은 친구들도 있고 물리치료도 받을 수 있고 온갖 그룹 활동과 게임도 할 수 있어서 이 센터에서 사는 것이 정말 좋다고 말했다.

애런과 나빈이 말킷과 어울리는 모습을 보니 나도 모르게 미소가 떠올랐다. 한때 헛간에서 짐승과 살면서 걷지도 못하고 누구 하나 도와줄 사람도 없던 아이. 그랬던 아이가 이제 마음껏 웃고 걷고 놀고 껴안으며 인간다운 삶을 누리고 있었다. 그리고 무엇보다도 이제 하나님이 예수님을 보내 영생의 문을 열어 주실 만큼 자신을 사랑하신다는 걸 잘 알고 있었다.

누가복음 15장에서처럼 잃어버렸던 한 사람을 찾으면 그렇게 기쁠 수가 없다.

사랑이 구해 낸
소녀들

센터 방문은 짧았다. 곧 우리는 두 번째 방문지로 발걸음을 옮겼다.

"이곳은 이 지역에서 팔려 나간 소녀들의 쉼터랍니다. 이 아이들은 사창가에서 구조되어 이곳에서 공부와 직업 훈련을 받고 있습니다. 물론 소망을 주시는 하나님에 관해서도 열심히 배우고 있고요."

애런의 이런 배경 설명을 들은 뒤 우리는 시설 안으로 들어갔다. 나는 몹시 놀랐다. 한 방을 둘러보니 어려도 너무 어린 여자아이들의 얼굴이 눈에 들어왔다. 열두 살에서 열네 살쯤 되어 보였다. 기껏해야 열여섯 살을 넘지 않는 아이들이었다. 그 앳된 얼굴들을 보며 그 아이들이 겪었을 일을 생각하니 화가 치밀어 올랐다. 결국 견디지 못하고 고개를 돌리고 말았다.

방 안의 테이블 위에서 금이 간 유리 찻잔들에 시선이 갔다. 이 쉼터를 관장하는 리브(Liv)라는 여성은 이 찻잔들이 예술품이라고 설명했다. 최근 수업에서 선생님들은 망가진 것들의 한복판에서 아름다움을 보는 것에 관한 이야기를 했다. 그러고 나서 소녀들에게 유리 찻잔을 하나씩 주며 바닥에 던져 깨뜨리라고 말했다. 소녀들은 처음에는 머뭇거렸지만 하나둘 잔을 던져 그것이 산산이 부서지는 모습을 지켜보았다. 선생님들은 이번에는 유리 조각들을 모아 다시 붙이라고 말했다.

소녀들이 그렇게 하고 나자 선생님들은 모든 찻잔 속에 작은 초를 놓고 불을 붙였다. 그랬더니 깨졌던 틈 사이로 불빛이 삐져나와 주변을 더 환하게 밝혀 주었다. 그다음에는 자신이 저지르거나 당한 일로 인해 삶이 산산조각이 난 상황에 관한 토론이 이어졌다. 하지만 하나님께 맡기면 그분이 우리를 회복시켜 주시고 우리의 상처를 통해 하나님 사랑의 빛이 더 환하게 빛날 수 있다.

리브는 소녀들이 방금 한 그림을 완성했다고 말했다. 고개를 돌려 보니 그 아이들이 함께 만들어 낸 작품을 자랑스럽게 바라보며 깔깔거리고 있었다. 그것은 흰색에 담청색이 섞인 캔버스 위에 세상을 그린 그림이었다. 그림물감이 다양하게 섞인 온갖 색들이 지도 위의 대륙들과 나라들을 가득 채우고 있었다. 한가운데는 굵고 화려한 글씨로 다음 성경 구절이 적혀 있었다.

"하나님이여 민족들이 주를 찬송하게 하시며 모든 민족들이 주를 찬송하게 하소서"(시 67:3).

잃어버린 바 된 사람들(심지어 성 노예로 착취까지 당하던 이들)이 하나님의 사랑으로 발견되어 구원을 받을 때만큼 찬송이 절로 나오는 순간도 없다는 생각이 들었다.

무너진
마음

애런이 버스 시간이 다 되었다고 해서 우리는 서둘러 쉼터를 나와 버스 정류장으로 향했다. 우리는 (내가 어릴 때 타던 것처럼 긴 의자가 놓인) 버스에 올라탔다. 자리에 앉자 쉼터에서의 여운을 즐기려고 했지만 이후 여섯 시간은 무언가를 생각할 틈을 주지 않았다. 한 사람이 다른 사람을 등에 메고

강을 건너는 모습을 보고 장애아 센터에 들르고 구조된 소
녀들의 쉼터에 가는 동안 나는 뭔가를 먹어야 한다는 것을
완전히 잊어버리고 있었다. 버스가 덜컹거리기 시작할 때
에야 비로소 아뿔싸 싶었다. 역시나 몹시 힘든 버스 여행이
었다.

　몇 시간 동안 버스는 좁은 길을 따라 굽이굽이 산을 내
려왔다. 도로 대부분이 차 한 대만 지나갈 정도로 좁았기
때문에 다른 차를 만나면 둘 중 한 대가 길 아래로 굴러 떨
어지지 않도록 우리 버스가 멈춰서 기다렸다. 아래로 내려
갈수록 버스의 속도는 빨라졌다. 그것이 그만큼 목적지에
더 빨리 도착한다는 뜻이지만, 버스가 자꾸 기울어지면서
우리가 의자 위에서 양쪽으로 왕복운동을 반복해야 한다는
뜻이기도 했다. 나는 멀미도 했거니와, 지루한 시간이 지나
가도록 다른 승객들처럼 억지로 잠을 청했다.

　도시의 주된 버스 정류장에 도착할 때는 이미 날이 어
둑해져 있었다. 어둠 속에서 배낭을 메고 차에서 내려 그날
밤에 묵을 게스트하우스로 향했다. 모두가 녹초가 되어 침
대에 눕기만 하면 바로 코를 곯을 기세였다.

　그런데 양편으로 상점과 식당이 늘어선 거리를 걷다가
그 광경이 산에서 들은 한 이야기와 하나로 겹쳐졌다. 왼쪽

에는 평범한 옷가게가 있었다. 그리고 그 바로 옆에는 식당처럼 생긴 곳이 보였다. 하지만 그 안의 부스들은 하나같이 사방에 벽이 솟아 있고 따로 문이 달려 있었다. 두 눈을 크게 뜨니 멍한 표정으로 식당 입구에 앉아 있는 두 소녀가 눈에 들어왔다. 그날 아침 트레킹 코스 종점 부근 쉼터에서 본 소녀들과 비슷한 또래였다. 순간 뒤통수가 띵했다. 그곳은 바로 유곽이었다.

애런 옆으로 붙어서 물었다. "저곳이 제가 생각하는 그곳이 맞나요?"

"맞아요. 그때 제 말을 이렇게 유심히 들으신 줄을 몰랐네요."

이번 여행 전이라면 이 거리에서 일어나는 일을 전혀 눈치 채지 못했을 것이다. 그냥 사람들이 쇼핑도 하고 길거리 음식도 즐기는 건전한 거리라고만 생각했을 것이다. 하지만 이미 나는 그 거리의 실체를 알고 있었다.

주변을 둘러보며 입이 떡 벌어졌다. 상점 두 곳을 지나 더 많은 소녀들이 현관에 진을 치고 있는 오두막 식당이 나타났다. 그리고 상점 두 곳을 지나 또다시 오두막 식당. 그런 식으로 계속 반복되었다. 모퉁이를 돌아도 똑같은 경관이 펼쳐졌다. 완전히 다른 거리로 넘어가서도 전혀 달라지는 것이 없었다.

식당마다 어린 소녀들이 앞에 앉아 있었다. 그중 한 소
녀의 얼굴을 유심히 쳐다봤다. 그랬더니 그 아이가 나를 보
며 웃었다. 그러고 나서 들어오라고 손짓을 했다. 나는 퍼
뜩 놀라서 고개를 돌렸다. 그 아이가 나도 자신을 착취하려
는 사람으로 여긴다는 사실에 가슴이 답답해졌다. 그 아이
에게서 도망치고 싶은 마음과 그 아이를 구하고 싶은 마음
이 충돌하여 내 안에서 감정의 소용돌이를 만들어 냈다.

계속해서 걷다 보니 더 이상 주변을 볼 수 없을 지경에
이르렀다. 이 추악한 광경을 더 이상 보고 싶지 않았다. 식
당의 부스들을 보며 그 안에서 벌어지는 추잡한 악을 상상
하기 싫었다. 몸을 팔아서 먹고사는 소녀들의 얼굴을 더는
보고 싶지 않았다. 이 모두가 현실이 아닌 것처럼 그냥 내
발만 바라보며 걷고 싶었다.

마침내 마지막 모퉁이를 돌아서 게스트하우스에 도착
했다. 애런이 아침에 우리를 공항에 태워다 주러 언제 오겠
다는 말을 했는데 귀에 들어오지 않았다. 나는 계속해서 내
다리만 쳐다보았다. 너무 심란해서 정신이 하나도 없었다.
애런의 말이 끝나자마자 나는 대답도 못하고 내 방으로 걸
어갔다. 문을 닫고 짐을 내려놓고 바닥에 엎드렸다.

바로 그때부터였다. 흐느껴 울기 시작했다. 주체할 수 없이 눈물이 뚝뚝 떨어졌다. 도저히 멈출 수가 없었다.

"하나님, 도대체 왜요?"

나는 울부짖었다.

"도무지 이해할 수가 없습니다. 왜요, 하나님! 왜 이 어린아이들이 이렇게 고통받게 놔두시나요? 왜 인간들이 그토록 악한 짓을 저지르게 놔두시나요? 제발 멈춰 주세요! 지금 당장 멈추게 해 주세요! 제발 저자들을 쳐서 없애 주세요. 제발, 하나님! 저 아이들을 구해 주세요. 제발요! 왜 당장 저 불쌍한 아이들을 구해 주시지 않는 겁니까?"

나는 계속해서 울었다. 이해할 수 없었다. 내가 의인이라고는 생각하지 않는다. 내가 죄인인 줄 잘 안다. 하지만 하나님은 의로우시다. 하나님은 공의로우시다. 하지만 내가 본 광경들과 사랑 많으신 하나님의 의와 공의를 어떻게 융화시켜야할지 알 수가 없었다.

단순히 그 오두막 식당들 앞에서 본 것들 때문만이 아니었다. 그 이전의 한 주 동안 산악지대 곳곳에서 본 것들 때문이었다. 바닥에 엎드려 있는데 그 모든 얼굴이 주마등처럼 스치고 지나갔다. 카말의 얼굴에 뚫린 공동(空洞)이 보였다. 그 어린 소녀의 턱에 떨어진 침이 보였다. 내일이면 설사로 죽을지 모르는 아이들이 보였다. 화장용 장작더미 위에 놓인 수많은 시신들이 보였다. 극심한 육체적 고통도 고통이지만 이들 중에 천국에 가는 법에 관해 들어 본 사람이 극소수라는 사실이 더욱 내 가슴을 후벼 팠다.

"하나님, 도저히 이해할 수 없습니다. 도대체 왜? 도대체 왜요?" 나는 서럽게 울부짖었다.

"하나님을 의심하고 싶지는 않습니다. 그래서 여쭙니다. 저더러 무얼 하라는 말씀인가요? 주님은 이 어린 소녀들 한 명 한 명을 포함해서 이곳의 모든 사람을 사랑하십니다! 오늘 아침에 제 삶 속에서 주님처럼 찾고 또 찾는 사랑이 나타나게 해 달라고 기도했습니다. 그러기 위해 제가 무엇을 해야겠습니까?"

나는 일어서서 생각했다. '당장 거리로 나가 이 여자아이들을 거기서 빼내야 할까?'

하지만 이 질문을 던지자마자 현실이 눈에 들어왔다. 나는 그 아이들을 어디로 데려가야 할지 전혀 몰랐다. 나는 그들의 언어도 할 줄 몰랐다. 그리고 이곳 경찰들이 부패해서 오히려 인신매매에 동조한다는 애런의 말이 기억났다. 괜히 나섰다가 나만 체포되고 상황만 더 악화될 뿐이었다.

핑계를 대고 싶지는 않았다. 뭐라도 하고 싶었다. 하지만 무엇을 해야 할지 알 수가 없었다. 다시 엎드렸다. 이번에는 침대에 엎드려 눈물을 펑펑 흘리며 고백했다.

"오, 하나님, 제 안에 질문이 가득합니다. 이해되지 않는 것이 너무도 많습니다."

한참 침묵에 잠겼다가 다시 기도했다. "하지만 주님이 저보다 훨씬 더 악을 미워하시는 줄 압니다. 주님이 고통스러워하는 사람들을 저보다 훨씬 더 사랑하시는 줄로 믿습니다. 그래서 지금 제 삶을 새롭게 주님께 바칩니다. 하나님, 저를 사용해 주십시오. 저를 통해 누가복음 15장에서 묘사하는 주님의 사랑을 한 사람에게 보여 주십시오. 영적으로, 육체적으로 절박한 세상 속의 한 남자, 혹은 한 여자, 혹은 한 소년이나 소녀에게 주님의 사랑을 보여 주는 일에 저를 도구로 써 주십시오."

그 침대에 엎드려서 내가 지난 한 주 동안 본 '한 사람'들에 관해 생각하다가 누가복음 15장과 관련된 무언가를 깨달았다. 잃어버린 상태보다 더 나쁜 것이 딱 하나 있다. 그것은 그 잃어버린 자를 아무도 찾지 않는 것이다.

베개에 머리를 파묻고 내가 만난 한 사람들, 찾는 이들 하나 없는 그 사람들을 생각하다가 잠이 들었다.

당신의 여행기

이 트레킹의 끝에서 그 게스트하우스에 있는 당신을 상상해 보라.

당신의 머릿속에 어떤 생각들이 흐를까?

마음속에서 어떤 감정들이 소용돌이칠까?

이런 생각과 감정의 표현으로서 어떻게 기도하고 싶은가?

DAY. 8

'다른 누군가 하겠지' 하면서
일상으로
돌아갈 것인가

큰 것이
걸려 있다

창문으로 새어 들어오는 햇빛에 눈을 떴다. 전날 입은 옷을 그대로 입고 있었지만 비행기에 타기 전에 갈아입을 새 옷이 한 벌 남았다는 사실이 기억났다. 깨끗이 씻고 깨끗한 옷으로 갈아입으니 새사람처럼 느껴졌다. 실제로 겉모습도 냄새도 깔끔해졌다. 애런이 우리를 공항으로 데려다주기 위해 곧 올 것이었다.

나는 몇 분이라도 하나님과 단둘이 시간을 보내고 싶어 재빨리 성경책과 일기장을 꺼냈다.

[19]한 부자가 있어 자색 옷과 고운 베옷을 입고 날마다 호화

롭게 즐기더라 ²⁰그런데 나사로라 이름하는 한 거지가 헌데 투성이로 그의 대문 앞에 버려진 채 ²¹그 부자의 상에서 떨어지는 것으로 배불리려 하매 심지어 개들이 와서 그 헌데를 핥더라 ²²이에 그 거지가 죽어 천사들에게 받들려 아브라함의 품에 들어가고 부자도 죽어 장사되매

²³그가 음부에서 고통중에 눈을 들어 멀리 아브라함과 그의 품에 있는 나사로를 보고 ²⁴불러 이르되 아버지 아브라함이여 나를 긍휼히 여기사 나사로를 보내어 그 손가락 끝에 물을 찍어 내 혀를 서늘하게 하소서 내가 이 불꽃 가운데서 괴로워하나이다

²⁵아브라함이 이르되 얘 너는 살았을 때에 좋은 것을 받았고 나사로는 고난을 받았으니 이것을 기억하라 이제 그는 여기서 위로를 받고 너는 괴로움을 받느니라 ²⁶그뿐 아니라 너희와 우리 사이에 큰 구렁텅이가 놓여 있어 여기서 너희에게 건너가고자 하되 갈 수 없고 거기서 우리에게 건너올 수도 없게 하였느니라

²⁷이르되 그러면 아버지여 구하노니 나사로를 내 아버지의 집에 보내소서 ²⁸내 형제 다섯이 있으니 그들에게 증언하게 하여 그들로 이 고통받는 곳에 오지 않게 하소서 ²⁹아브라함이 이르되 그들에게 모세와 선지자들이 있으니 그들에게 들

을지니라 ^{30}이르되 그렇지 아니하니이다 아버지 아브라함이여 만일 죽은 자에게서 그들에게 가는 자가 있으면 회개하리이다 ^{31}이르되 모세와 선지자들에게 듣지 아니하면 비록 죽은 자 가운데서 살아나는 자가 있을지라도 권함을 받지 아니하리라 하였다 하시니라(눅 16:19-31).

그 일주일간의 경험을 하고 난 뒤에 읽기에 딱 맞는 이야기가 아닐 수 없었다. 이 구절에서는 극명한 대조가 나타난다. 한편으로 하나님은 가난한 사람들의 필요에 연민으로 반응하신다. 이것은 예수님의 비유 중에서 등장인물에게 이름이 붙은 유일한 비유다. 그런데 왜 "나사로"일까? 답은 그 이름이 '하나님이 도우시는 사람'이라는 뜻이기 때문이다. 나사로는 불쌍하기 짝이 없었다. 병든 채로 부잣집 현관 앞에 쓰러져 음식 찌꺼기로 연명하고 개들이 그의 상처를 핥아먹었다. 하지만 하나님이 그를 도와주신다.

이 비유만이 아니라 성경 전체에서 하나님은 가난하고 어려운 사람들의 울부짖음을 들으신다(욥 34:28). 하나님은 그들을 먹이시고(시 22:6) 구해 주시고(시 35:10) 공급하시며(시 68:10) 그들의 권리를 옹호하시고(시 82:3) 그들을 일으키시며(시 113:7) 변호해 주신다(시 140:12). 분명 하나님은 가난한 사람들을 도우시며 그들의 필요에 연민으로 반응하시는 분이다.

다른 한편으로, 하나님은 가난한 사람들을 모른 척하는 자들에게 정죄로 반응하신다. 이 부자가 지옥에 간 것은 돈이 많아서가 아니라 가난한 사람들을 모른 척한 채 자신의 사치에만 몰두하는 죄인이었기 때문이다. 실제로 그는 가난한 자들에게 먹다 남은 음식 찌꺼기나 던져 주었다. 하나님은 그런 사람들을 거들떠보지 않으셨다. 하나님은 그런 사람들을 돕지 않으셨다.

그 결과는 더 이상 심각할 수 없었다. 이 비유는 성경을 통틀어 지옥을 가장 끔찍하게 그리고 있지 않나 싶다. 그리고 그 묘사는 바로 예수님 자신의 입에서 나오고 있다. 매우 구체적이고 시각적이다. 불꽃 가운데서 괴로워하는 남자, 영원히 건널 수 없는 구렁텅이로 분리된 고문 장소…….

물론 성경은 우리의 영원한 운명이 우리가 그분의 이름으로 하는 그 어떤 일이 아니라 그분에 대한 믿음에 따라 결정된다고 말한다. 하지만 동시에 성경은 그 믿음이 행위, 특히 어려운 사람들을 위한 행위를 통해 나타난다는 점을 분명히 밝히고 있다(마 25:31-46; 약 2:14-26). 따라서 가난한 사람

들을 모른 척하는 부자들은, 그렇게 행함으로써 자신들이
궁극적으로 하나님의 백성이 아니라는 숨은 진실을 드러내
는 것이다.

나는 일기장에 다음과 같이 썼다.

> 오, 하나님,
> 저는 이 부자처럼 되고 싶지 않습니다.
> 제 돈을 어떻게 사용해야 합니까?
> 제 인생을 어떻게 사용해야 합니까?
> 제가 무엇을 하길 원하십니까?
> 제가 가족과 함께 이 산으로 들어와야 할까요?
> 아니면 전혀 다른 뭔가를 해야 할까요?

이런 물음과 씨름하면서 계속해서 누가복음을 읽었다.

[7]너희 중 누구에게 밭을 갈거나 양을 치거나 하는 종이 있어
밭에서 돌아오면 그더러 곧 와 앉아서 먹으라 말할 자가 있
느냐 [8]도리어 그더러 내 먹을 것을 준비하고 띠를 띠고 내가
먹고 마시는 동안에 수종들고 너는 그 후에 먹고 마시라 하

지 않겠느냐 [9]명한 대로 하였다고 종에게 감사하겠느냐 [10]이
와 같이 너희도 명령받은 것을 다 행한 후에 이르기를 우리
는 무익한 종이라 우리가 하여야 할 일을 한 것뿐이라 할지
니라(눅 17:7-10).

이 구절을 읽자마자 무릎을 꿇고 10절에 따라 기도문을
써 내려갔다.

하나님,
저는 오늘 일하러 나온 종입니다.
하나님이 저의 주인이십니다.
스스로 인생의 주인 행세를 하고 싶지 않습니다.
오직 주님이 시키시는 일만 하고 싶습니다.
하나님, 그저 제 삶의 끝에
"저는 무익한 종이라 제가 해야 할 일을
한 것뿐입니다"라고 말하고 싶습니다.

이 글을 쓰고 기도한 뒤에 누가복음 17장을 다시 읽는데, 채 마치기도 전에 문을 두드리는 소리가 들렸다. 애런이 안에 포스터를 넣는 것 같은 지통을 들고 밖에 서 있었다.

"좋은 아침입니다."

"간밤에 푹 쉬셨어요?"

"네. 자, 이제 떠날 시간입니다. 자, 이걸 짐에 같이 넣으세요."

애런이 지통을 내게 내밀었다.

"이게 뭔가요?"

"나중에 열어 보는 게 좋을 겁니다. 지금 시간도 없고요. 자, 갑시다."

"네."

나는 지통을 배낭에 넣었고, 몇 분 만에 모든 일행이 한자리에 모였다. 짐을 밴에 넣고 공항으로 향했다.

말만 하기가
지긋지긋해서

공항으로 향하는 차에서 운전하는 애런 옆에 앉아 물었다.

"이곳으로 들어오기 전에 목회를 하셨죠?"

"그랬죠."

"이곳에서 처음 트래킹을 하고 나서 목회를 시작하신 거죠?"

"맞습니다. 그 인신매매범을 만나고 산에서 내려왔을 때 이 산악 지역에 복음을 전하고 하나님의 은혜를 보여 주기 위해 제가 할 수 있는 모든 일을 하겠다고 결심했죠. 하지만 바로 이곳으로 들어오지는 않았어요. 대신 목사로 섬기면서 이곳에서 사역할 사람들을 모았죠. 그렇게 이 나라 사람들만 아니라 여러 나라의 교회에서 온 사람들로 팀을 꾸렸습니다."

"대단하십니다."

나도 목사로서 세계 방방곡곡에서 사역할 사람들을 모으겠다는 포부가 있었다.

"그래서 어떻게 목회를 그만두고 가족과 함께 이곳으로 들어오기로 결심하게 되셨나요?"

애런은 빙그레 웃으며 잠시 뜸을 들였다. 대답하기를 망설이는 눈치였다. 아무래도 머릿속의 생각을 말하기 싫은 듯했다. 그래서 내가 다시 물었다.

"왜 이곳에 오셨나요?"

"정말 알고 싶으신가요?"

나는 소리 내어 웃으며 말했다. "두 번이나 물었잖아요. 네, 정말 알고 싶어요!"

"말만 하기가 지긋지긋해서요."

그가 다시 멋쩍게 웃었다.

그제야 그가 망설인 이유를 알 것 같았다. 애런은 내 기분을 상하게 하고 싶지 않았던 것이다. 나는 말을 아주 많이 하는 목사니까 말이다.

"제 자신이 영적으로, 육체적으로 절박한 세상 속에서 실제로 사역을 하기보다는 사역에 관해 말만 많이 하는 사람처럼 느껴졌어요. 그래서 바뀌어야겠다고 생각했습니다."

지체할 시간이
없다

우리는 공항에 도착했다. 애런은 정시에 비행기를 탈 수 있
도록 매표소와 출입국 관리소를 통과하는 법을 설명했다.
한 사람씩 그와 악수를 하는데 평생 잊을 수 없는 그 한 주
사이에 내가 그와 깊이 친해진 걸 느낄 수 있었다.

"애런, 저희를 이곳으로 초대해 주셔서 감사해요." 그리
고 나도 언젠가 그곳으로 들어와야 할지 고민하는 중이라
계속해서 이렇게 말했다. "아직 구체적인 방법은 정해지지
않았지만 앞으로 저희도 이 일에 반드시 동참하겠습니다."

애런이 환하게 웃었고, 우리는 그와 포옹한 뒤 터미널
로 향했다. 끝없는 줄에서 기다리다가 크리스와 시그스, 나
는 마침내 게이트를 통과했다. 공항은 낡고 곳곳이 망가져
있었다. 구경할 만한 곳도 많지 않아 우리 모두는 탑승하기
까지 그리 편하지 않은 의자에 몇 분간 앉아 있었다.

나는 그 틈을 타서 재빨리 성경책과 일기장을 꺼내 누
가복음 17장을 마무리했다. 거기에는 예수님의 다음 말씀
이 기록되어 있다.

[22]또 제자들에게 이르시되 때가 이르리니 너희가 인자의 날 하루를 보고자 하되 보지 못하리라 [23]사람이 너희에게 말하되 보라 저기 있다 보라 여기 있다 하리라 그러나 너희는 가지도 말고 따르지도 말라 [24]번개가 하늘 아래 이쪽에서 번쩍이어 하늘 아래 저쪽까지 비침같이 인자도 자기 날에 그러하리라 [25]그러나 그가 먼저 많은 고난을 받으며 이 세대에게 버린 바 되어야 할지니라

[26]노아의 때에 된 것과 같이 인자의 때에도 그러하리라 [27]노아가 방주에 들어가던 날까지 사람들이 먹고 마시고 장가들고 시집가더니 홍수가 나서 그들을 다 멸망시켰으며 [28]또 롯의 때와 같으리니 사람들이 먹고 마시고 사고팔고 심고 집을 짓더니 [29]롯이 소돔에서 나가던 날에 하늘로부터 불과 유황이 비 오듯하여 그들을 멸망시켰느니라 [30]인자가 나타나는 날에도 이러하리라

[31]그날에 만일 사람이 지붕 위에 있고 그의 세간이 그 집 안에 있으면 그것을 가지러 내려가지 말 것이요 밭에 있는 자도 그와 같이 뒤로 돌이키지 말 것이니라 [32]롯의 처를 기억하라 [33]무릇 자기 목숨을 보전하고자 하는 자는 잃을 것이요 잃는 자는 살리리라 [34]내가 너희에게 이르노니 그 밤에 둘이 한 자리에 누워 있으매 하나는 데려감을 얻고 하나는

버려둠을 당할 것이요 [35]두 여자가 함께 맷돌을 갈고 있으매 하나는 데려감을 얻고 하나는 버려둠을 당할 것이니라(눅 17:22-36).

이 구절이 말하려는 요지는 간단하다. 예수님은 제자들에게 그분의 재림이 급작스러울 거라고 말씀하신다. 예수님은 언제라도 돌아오실 수 있다. 그 공항에 앉아서 예수님이 당장이라도 오실 수 있다는 생각을 했다. 혹은 한 시간 뒤 내가 비행기에 타고 있을 때 돌아오실 수도 있었다. 내가 집에 도착하기 전에 돌아오실 수도 있었다. 그날이 내 마지막 날일 수도 있었다. 이는 내가 영원히 중요한 것을 위해 절박감을 갖고 매일을 살아야 한다는 뜻이다.

그래서 일기장에 다음과 같이 썼다.

아, 참으로 절박하다.
오늘이 예수님이 돌아오시는 날일 수도 있다.
내일일 수도 있고, 그 다음 날일 수도 있다.
일분일초도 지체할 시간이 없다.

하나님, 제가 오늘을 허비하지 않게 도와주십시오.
숨이 붙어 있는 한 절박감을 갖고 살고 싶습니다.

하지만 비행기에 탑승하기 직전 이 글을 쓰는 순간에도 내 앞에 놓인 위험이 분명히 보였다. 정신 똑바로 차리지 않으면 집에 돌아가서 절박감을 갖고 살아가지 않고 금세 편안한 삶에 안주할 수 있었다. 하지만 카말, 성 노예로 착취당하는 소녀들, 화장용 장작더미 위에 놓이기 직전인 사람들을 생각하면 절대 안주해서는 안 된다. 다른 누군가 하겠지 하면서 자기 삶을 살기에 바쁜 그리스도인들은 그들에게 필요하지 않다. 그들에게는 오늘이 마지막인 것처럼 사는 그리스도인들이 필요하다.

이제 탑승할 시간이 왔다. 내가 성경책과 일기장을 치우는데 크리스가 물었다. "목사님, 이번 여행을 한마디로 정리하면 뭐라고 하시겠어요?"

오래 생각할 필요도 없었다. 이번 트레킹에서 하나님이 성경을 통해 내게 무슨 말씀을 하셨는지 정확히 알고 있었다.

"무언가 바뀌어야 합니다. 제 삶도, 제 가족도, 교회도, 정확히 무엇을 바꾸어야 할지는 모르겠지만, 아무 일도 없

었다는 듯이 계속해서 예전처럼 살 수는 없습니다. 무언가
바뀌어야 합니다. 지금 당장!"

당신의 여행기

당신은 삶의 어떤 영역에서 복음대로 '행동하기'보다 '말만' 할 때가
많은가?

무엇이 바뀌어야 할지 생각할 때, 당신 삶이 변화하는 데 가장 큰 걸
림돌은 무엇인가?

주변, 나아가 세상의 어려운 사람들을 향한 절박감으로 사는 데 가장
큰 장애물은 무엇인가?

"Let the peoples praise you, O God; Let all the peoples praise you!"
PSALM 67:3

'삶 없는' 신앙에서
'움직이는' 신앙으로

하나님이여 민족들이 주를 찬송하게 하시며
모든 민족들이 주를 찬송하게 하소서.
시편 67편 3절

그래서 무엇이 바뀌어야 하는가? 내가 당신을 위한 답을 아는 체하고 싶지는 않다. 이 여정을 나누는 나의 주된 목적은 당신을 이 질문의 지점까지 인도하는 것이었다. 주변 세상의 절박한 필요를 진정으로 느끼는 지점까지, 그리고 온갖 물음이 머릿속에 가득한 가운데서도 예수님이 그 고통 중의 궁극적인 희망이라고 믿게 되는 지점까지. 나아가, 하나님이 세상에서 가장 절망적인 곳에 그분의 사랑을 전하는 도구로 당신의 삶을 계획하셨다는 사실을 깨닫기를 바란다.

이런 여행의 위험은 다양한 감정을 경험하고 심지어 다

양한 결심을 하고서도 원래 장소로 돌아온 지 몇 주 만에 이전과 똑같이 살 수 있다는 것이다. 물론 당신은 여행을 한 것이 아니라 책을 읽었다. 하지만 상관없이 똑같은 위험이 도사리고 있다. 당신의 삶이 반짝 변했다가 결국 이 책을 읽기 전으로 돌아간다면 이 책은 소기의 목적을 전혀 달성하지 못한 셈이다.

나는 히말라야의 민낯을 처음 마주한 뒤로 잠언 24장 11-12절에 관해 많은 생각을 했다. 그 구절에서 하나님은 이렇게 말씀하신다.

[11]너는 사망으로 끌려가는 자를 건져 주며 살륙을 당하게 된 자를 구원하지 아니하려고 하지 말라 [12]네가 말하기를 나는 그것을 알지 못하였노라 할지라도 마음을 저울질하시는 이가 어찌 통찰하지 못하시겠으며 네 영혼을 지키시는 이가 어찌 알지 못하시겠느냐 그가 각 사람의 행위대로 보응하시리라.

이 구절은 하나님이 우리가 아는 것에 책임을 지우신다고 분명히 말한다. 나는 그 산에서 본 것들에 책임이 있고, 당신도 이 책을 읽었으니 책임이 있다. 당신과 나는 많은 사람이 육체적으로 영적으로 신음한다는 사실을 알고 있으니 이 사실 앞에서 어떤 행동을 하느냐 혹은 하지 않느냐에 대해 하나님 앞에서 책임이 있다.

나의
여행

미국으로 돌아오니 아내와 아이들이 공항에서 나를 반겨주었고, 우리는 함께 집으로 향했다. 밤이 늦은 시각이라 먼저 아이들을 재웠다. 히말라야에서 본 아이들의 삶을 생각하면 그 순간이 미안하기도 하고 감사하기도 했다. 아내는 히말라야에서 있었던 일을 자세히 이야기해 달라고 졸랐다. 내가 워낙 외진 산악지대를 누볐기 때문에 그동안 우리 부부는 아무런 연락도 주고받지 못한 터였다. 그래서 아내는 히말라야에서 내가 내내 씨름해 온 것들에 관해 전혀 몰랐다.

여독과 시차로 워낙 피곤해서 원래는 다음 날 아침에 다 털어놓을 생각이었다. 민감한 이야기를 할 것이라서 일단 푹 쉬고 난 뒤 맑은 정신에 이야기하고 싶었다.

하지만 아내는 끝까지 나를 놔두지 않았다. 당장 이야기보따리를 풀라며 나를 재촉했다. 결국 나는 침대에 누워 내 일기장을 뒤적거리며 여행 보고를 하기 시작했다. 내가 눈을 억지로 부릅뜨고 이야기를 하는 동안 아내는 계속해서 질문을 던졌다. 그러다 하나님이 우리 가족을 그곳으로 부르시는지도 모른다고 쓴 대목에 이르자 긴 침묵이 찾아왔다. 아내는 충격을 흡수하는 중이었고 안타깝게도 그 사이에 나는 곤한 잠에 빠져들고 말았다.

자, 이 장면을 상상해 보라. 온 가족이 히말라야 산골로 들어갈 수도 있다는 내 말에 아내는 완전히 충격에 휩싸였고, 그 와중에 나는 깊은 잠에 빠져들어 코를 골기 시작한 것이다.

두말할 것 없이 아침이 밝자마자 아내는 나를 깨웠다. "어젯밤에 하다 만 이야기부터 다시 시작해요."

그때부터 우리는 온 가족이 히말라야로 들어갈 가능성을 타진하기 시작했다. 동시에 미국 남침례회 국제선교이사회(IMB; International Mission Board)에서 조직의 리더 자리를 맡아 달라는 연락이 왔다. IMB는 전 세계의 복음의 불모지들에서 사역하는 선교사들을 재정적으로 지원하는 수많은 교회들의 연합이다. 처음에는 전혀 마음에 내키지 않았다. 하지만 최소한 '왜 내가 직접 해외로 나갈 생각은 하면서 해외에서 수많은 사역자들을 지원하는 일은 아예 고려할 생각조차 하지 않지?'라고 스스로 묻고 고민할 필요성은 있었다.

하지만 한편으로, 나는 당시 목회하던 교회 식구들을 사랑했기 때문에 그들을 떠난다는 건 상상도 할 수 없었다. 그래서 매일 하나님 앞에 엎드려 기도했다. "하나님, 제게 주신 모든 것으로 하나님이 원하시는 일을 하겠습니다."

그렇게 홀로 혹은 아내와 혹은 우리 교회 목사들과 금식하며 기도하기를 몇 달째, 하나님은 분명하게 IMB 쪽 방향을 가리키셨다. 그때부터 나는 4년간 그곳에서 섬겼다. 하지만 항복의 기도는 계속되었다. IMB의 대표로 버지니아주 리치몬드에 살던 나는 워싱턴 DC 맥린바이블교회(McLean Bible Church)의 담임목사직 청빙을 수락했다. 하나님은 일련의 보이지 않는 상황과 예기치 못한 사건들을 통해 수많은 민족이 모였다가 수많은 나라로 다시 흩어지는 이 글로벌 도시에 있는 이 교회로 나를 분명히 이끄셨다. 그리고 이 교회에서 목회하기 위해 나는 결국 IMB 대표 자리에서 물러나야 했다.

목사로서 지금 나는 백 개국 이상에서 온 우리 교회의

형제자매들과 함께 워싱턴 DC부터 시작하여 전 세계에 복음의 소망을 전할 꿈을 꾸고 계획하고 노력하고 있다. 아울러 크리스를 비롯한 여러 사람과 뜻을 합쳐 가장 절박한 나라들에 복음을 전파하려고 교인들의 자원을 모으는 글로벌 사역 및 기부 플랫폼을 만들었다.

지금 우리 앞에 놓인 복음을 전파할 수 있는 기회들에 그 어느 때보다도 기대와 흥분이 된다. 애런의 말을 빌리자면, 내가 목사로서 가장 하기 싫은 일은 절박한 세상 속에서 사역에 대해 '말만' 하는 것이다. 나는 사역을 '하고' 싶다. 한편, 하나님이 언젠가 나를 세상의 또 다른 부분으로 가는 편도 여행으로 인도하시지 않을까 하는 생각을 여전히 한다.

당신의
여행

내가 이 모든 이야기를 나눈 것은 당신의 길이 내 길과 같아야 한다고 말하려는 게 아니다. 오히려 같을 수가 없다. 하나님은 모든 사람을 선교 단체 리더나 목회자, 다른 나라의 선교사로 부르시지는 않는다. 물론 하나님은 분명 우리 가운데 일부를 그런 일로 부르시며, 나는 하나님이 이 책을 통해 많은 사람을 그렇게 부르시기를 위해 기도했다. 하지만 하나님의 부름은 리더나 목사나 선교사만을 위한 것이 아니다. 하나님의 부름은 우리 모두를 위한 것이다. 당신이 교사든, 송어 똥 전문가든, 비즈니스 리더든, 가정주부든, 학생이든, 은퇴자든 하나님은 당신의 삶을 절박한 세상에 필요한 도구로 창조하셨다.

그러니 하나님이 지금 그 자리에서 당신을 부르시는 역할을 과소평가하지 말라. 하나님이 당신을 그곳에 두신 데는 다 이유가 있음을 기억하라. 당신이 지금 사는 지역에 있는 건 결코 우연이 아니다. 당신의 직장, 학교, 사는 동네, 사는 집, 재능, 기술, 능력, 자원은 다 하나님의 섭리로 이루어진 것이다. 하나님은 당신에게 주변 세상에 복음의 소망을 전할 독특한 기회들을 주셨다.

우리 앞에 놓인
도전과 기회들

우리 주변의 절박한 필요들과 우리 앞에 놓인 어마어마한
기회들을 생각하며 도전으로 이 책을 마치고 싶다. 이 도전
의 목적은 우리가 함께한 여행의 결과로 당신이 삶이나 가
정, 교회, 미래에 관한 무엇을 바꿔야 할지 분별하도록 돕
는 것이다. 이 도전은 네 부분으로 이루어져 있다. 이는 당
신만이 아니라 내게 던지는 도전이기도 하다.

이 땅의 고통 속에 있는 사람들을 잘 돕기 위해 노력하라
이 도전은 단어 하나하나가 중요하다. 첫 부분부터 시작해
보자. 여기서 '이 땅의 고통'은 주로 사람들이 이 세상에서
경험하는 모든 종류의 육체적 고통을 지칭한다. 우리의 트
레킹에서는 눈을 잃고도 치료를 받지 못한 카말, 깨끗한 식
수가 없어서 콜레라로 죽어 가는 마을의 아이들과 어른들,
집에서 쫓겨나 헛간에 갇혀 있던 장애아들, 성 노예로 착취
당하는 귀한 소녀들이 그런 경우다.

　　우리가 사는 이 세상은 고통으로 가득하다. 내가 사는
도시와 내가 다녀온 모든 곳에서 온갖 종류의 고통을 목격

했다. 최근 태국에서 인신매매 퇴치 사역을 하는 친구들과 동역하다가 돌아왔다. 그로부터 얼마 있지 않아 워싱턴 DC에서는 몸이 심각하게 불편한 사람들의 집을 방문했다. 장애아와 그 가족들을 돕는 우리 교회 사역에 참여한 적이 있다. 그다음 주에는 고아와 난민들을 지원하기 위해 에티오피아와 우간다를 다녀왔다. 안타깝게도, 고통받는 사람들을 도울 기회를 찾는 일은 어렵지 않다. 우리 모두가 살고 일하는 곳곳에 그런 기회가 널려 있다.

하지만 우리는 이런 기회에 너무도 쉽게 눈과 귀를 닫을 위험이 있다. 정신을 똑바로 차리지 않으면 주변의 극심한 고통으로부터 자신을 격리시킬 수 있다. 자신의 포근한 집이나 교회 건물에만 안주해 있거나 바쁜 삶이나 일, 놀이에만 몰두하며 고통으로 신음하는 곳에서 그리스도의 손발이 되는 일에는 참여하지 않을 수 있다.

이 땅의 고통 속에 있는 사람들을 잘 돕자. 여기서 '잘'이라는 표현을 붙인 것은 자칫 돕는다고 하면서 오히려 상처를 주고 해를 끼칠 수 있기 때문이다.

예를 들어, 어떤 나라들에서는 수많은 부모가 자식을 키울 경제적 능력이 없어서 고아원에 보낸다. 이 경우에는 이 부모들이 스스로 자식을 키울 수 있도록 가난을 뿌리 뽑는 해법이 잘 돕는 방법일 수 있다.

내가 태국에서 협력했던 사람들도 성 노예로 팔려간 한 소녀를 돕기보다는 애초에 그와 같은 수많은 아이들이 노예로 팔리지 않도록 사전에 막는 법을 찾고 있다. 이 소녀들뿐 아니라 고깃배로 팔려 가는 태국의 소년과 남자들도 잘 도울 책임이 우리에게 있다.

그리고 끝까지 '노력해야' 한다. 주변의 어려운 사람들을 돕는 일은 결코 쉽지 않다. 굳은 결심이 필요하다. 가끔 하는 단발성 섬김이나 구호로 자기만족만 느끼기가 너무도 쉽다. 이것은 복음이 요구하는 모습이 아니다. 우리는 '섬김을 받으려 함이 아니라 도리어 섬기려 하고 자기 목숨을 많은 사람의 대속물로 주려' 오신 왕을 찬양하고 본받는 자들이다(마 20:28). 그분은 '자기를 낮추시고 죽기까지 복종하셨다. 곧 십자가에 죽으셨다'(빌 2:8).

따라서 이 땅의 고통을 해결할 쉬운 해법이 있다고 스스로를 속이지 말자. 히말라야의 애런을 보라. 애런은 그 산악지대의 절박한 상황을 조금이라도 개선하고자 수년을 고군분투했다. 그는 실패에 실패를 거듭했지만 고통으로 에워싸인 이 땅에서 잘 섬기기 위해 지금도 변함없이 열심히 노력하고 있다. 우리 모두는 비록 그만한 규모는 아닐지라도 같은 결단으로 일해야 한다.

당신은 고통받는 사람들을 어디서 어떻게 도울 수 있을까? 이 질문에 대한 실질적인 답을 찾으면서 이 도전의 두 번째 부분으로 넘어가라.

영원한 고통에서 사람들을 구해 내기 위해 가장 노력하라

'이 땅의'와 '영원한'처럼 '노력'과 '가장 노력'도 일부러 대조시켰다. 사람들이 이생에서 겪는 고통과 그리스도 없이 내세에 겪을 영원한 고통은 차원이 다르다. 이생의 고통은 다양한 강도가 있지만 내세의 고통은 가장 극심한 고통이다. 이생의 고통은 기껏해야 몇 년, 몇 십 년간 지속되지만 내세의 고통은 영원히 지속된다.

물론 이것은 가장 믿기 힘들고 가장 이해하기 힘든 현실이다. 하지만 성경은 이 현실을 믿지 않거나 무시할 여지를 조금도 남겨 두지 않는다. 따라서 이 현실에 대해서 '가장' 노력해야만 한다.

복음을 전하기 위해 가장 노력하기를 강력히 촉구한다. 하나님의 거룩하심, 우리의 죄, 예수님의 독특한 삶과 죽음, 부활, 예수님을 구주로 믿어야만 얻는 영생의 메시지를 전하기 위해 노력하라. 복음은 온 세상에서 가장 위대한 소식이며 온 세상 사람들에게 가장 필요한 것을 제공해 준다. 따라서 우리는 이 소식을 알리기 위해 가장 노력해야 한다.

깨끗한 물, 의료 서비스, 고아원, 성 노예에서의 구조처럼 이 땅의 고통을 덜어 주는 일도 더없이 중요하지만, 영원한 고통을 다루는 사역이 이보다 무한히 더 중요하다. 앞서도 말했지만 정수 필터나 식량, 의료 서비스를 제공하는 것이나 성 노예로 혹사당하는 아이들을 구조하는 것 자체로는 아무도 천국에 보낼 수 없다. 이런 육체적 필요보다 훨씬 더 중요한 것은 하나님과 화해하는 것이며, 이 필요는 오직 복음 선포로 해결할 수 있다.

그렇다고 해서 이 땅의 고통을 줄이기 위한 노력을 줄이자는 말은 절대 아니다. 오히려 그런 노력은 복음을 더 환하게 비춰 준다. 또한 복음을 믿으면 마음이 변화되고 교회가 세워져 이 땅의 고통을 줄이기 위한 모든 종류의 사역으로 가는 문이 활짝 열린다.

이는 도전의 다음 부분과 관련이 있지만, 다음으로 넘어가기 전에 잠시 당연한 사실 하나를 짚고 넘어가자. 당신에게는 지금 바로 세상의 가장 큰 필요를 채울 기회들이 있다. 당신 주변에는 하나님에게서 멀어져 영원한 고통을 향해 가는 사람들이 수두룩하다. 그리고 당신은 바로 이런 문제를 감당할 수 있는 해결책을 손에 쥐고 있다. 그러니 오늘, 아니 지금 당장 복음을 전해 줄 사람을 찾으라. 당신이 사는 곳에서 매일 이렇게 복음을 전하기로 결단하라.

그리고 어디든 하나님이 이끄시는 곳으로 가라. 나와 함께한 히말라야 트레킹을 통해 세상에 복음을 거의 혹은 전혀 모르는 사람이 무수히 많다는 현실에 새롭게 눈을 떴으리라 믿는다. 너무도 많은 사람이 심지어 예수라는 이름조차 들어본 적이 없다. 그들에게 복음을 전하는 일에 당신이나 당신의 가족, 당신의 교회가 어떻게 참여할 수 있을지 고민하라. 이런 식으로 생각해 보라. 당신이 영원한 지옥행 도로에 있고, 아무도 당신에게 천국에 가는 법을 알려 준 적이 없다면 지구 반대편에 있는 사람이 어떤 식으로 살았으면 좋겠는가? 그 답대로 살아가라.

하나님이 의도하신 교회가 되라

기독교는 공동체를 우선시한다. 어떤 그리스도인도 남들과 동떨어져서 혼자 그리스도를 따를 수 없다. 그래서 도전의 세 번째 부분은 우리가 속한 교회에서의 삶과 관련이 있다. 교회의 목적은 공동체에서 그리스도의 사랑을 보여 준 뒤 교인들을 그 공동체 밖으로 파송해 소망을 전하게 하는 것이다. 교회란 이렇게 지극히 단순하다.

하지만 히말라야의 길에서 확인했듯이 우리는 자꾸만 교회를 복잡하게 만든다. 성경에 없는 온갖 것들을 교회에 채워 넣는다. 우리에게 편안함을 선사하는 건물과 우리의 취향을 우선시한 프로그램에 시간과 노력, 자금을 집중시킨다. 하지만 이것은 하나님이 의도하신 교회의 모습이 아니다. 하나님은 이런 것을 하라고 교회를 부르신 것이 아니다.

그래서 당신과 당신이 속한 교회에 제안한다. 그리스도 안에서의 형제자매들과 함께 성경책을 펴고 교회의 모든 것을 테이블 위로 꺼내라. 영적으로, 육체적으로 절박한 상황에 처한 주변 세상에 가장 중요한 것이 무엇인지 하나님께 여쭈라. 그러고 나서 함께 기도하라. "하나님, 주신 모든 것으로 뭐든 하나님이 원하시는 일을 하겠습니다."

계속해서 이렇게 기도하라. "교회 건물을 팔아야 한다면 그렇게 하겠습니다. 모든 프로그램을 폐지해야 한다면 그렇게 하겠습니다. 예산을 처음부터 완전히 새롭게 재편성해야 한다면 그렇게 하겠습니다. 저희 전통을 지키려 고집하기보다는 복음을 전하고 싶습니다. 저희가 교회 안에서 편안하게 지내는 것보다 가난한 국가들이 예수님의 소망을 알고 경험하고 누리기를 원합니다."

하나님이 이 기도에 대한 응답으로 당신의 교회를 어떤
행동으로 이끄실지 나는 전혀 모른다. 내가 목회하는 교회
에서도 이 기도를 드리고 있지만 하나님이 우리를 통해 하
시려는 모든 일을 아직은 다 알지 못한다. 하지만 감사하게
도 하나님은 우리가 무엇을 해야 하는지 전반적인 방향을
알려 주셨다. 최근 우리는 성경을 토대로 교회의 핵심적인
특징들을 정리했다. 아주 간단명료하다.

- □ 하나님의 말씀을 선포한다.
- □ 복음을 전한다.
- □ 열심히 자주 기도한다.
- □ 함께 예배한다.
- □ 함께 나눔을 실천한다.
- □ 서로 사랑한다.
- □ 그리스도 안에서 자라도록 서로 돕는다.
- □ 어떤 대가가 따르더라도 열방에서 제자를 삼고 교회를
  세우는 일에 삶을 바친다.[5]

당신과 당신 교회의 성도들이 교회가 올바로 서기만 하

면 정말로 세상을 바꿀 수 있다는 확신을 품고 이런 일에
전심을 다하기를 강력히 촉구한다. 절박한 세상에서 하나
님이 의도하신 교회가 되라.

하나님이 부르시는 경주를 하라

이 도전의 마지막 부분에서 키워드는 '경주'(run)다. 물론 성
경은 하나님과 함께 '걸으라'(walk)고 계속해서 명령한다.
또한 결국 탈진으로 이어지는 과도한 속도를 권장할 생각
은 추호도 없다. 미친 듯이 질주하라는 말이 전혀 아니다.
그리고 내가 아무리 달리라고 해도 어차피 복음 전파를 위
해 지나치게 달릴 사람은 그리 많지 않다. 그래서 히브리서
12장 1-3절 말씀을 따라, 주변의 절박한 세상을 바라보며
가만히 앉아 있지 말고 달리라고 강력히 촉구한다. 지금 당
장 달리라!

그날 공항에서 집으로 가는 비행기를 기다리며 읽었던
누가복음 17장의 마지막 구절이 다시 생각난다. 예수님은
반드시 돌아오시는데 그 시점은 언제라도 될 수 있다. 지금
당신은 영원의 문턱에 서 있고 내일은 보장되어 있지 않다.
그러니 아직 시간이 있는 '오늘' 달리라.

오늘이 당신에게 주어진 마지막 날인 것처럼 거룩한 절

박감으로 살라. 하나님이 신앙부흥운동의 불길에 기름을 붓기 위해 사용하셨던 조나단 에드워즈(Jonathan Edwards) 목사는 이런 결단의 글을 써서 매일 외웠다고 한다. "나 자신의 죽음, 그리고 죽음에 수반되는 공통적인 상황들에 관해 많이, 늘 생각하기로 결심했다."[6] 데이비드 브레이너드(David Brainerd)는 복음을 전혀 몰랐던 미국 원주민들에게 하나님의 사랑을 전하는 일에 일생을 바친 인물이다. 그도 스물두 살 젊은 나이에 죽기 전에 짧은 생을 기록한 일기에서 거의 똑같은 말을 했다. 혹시 너무 비관적이라고 생각하는가? 왜 그렇게 살아야 하는지 의문이 생기는가?

이유는 이렇다. 실제로 이 세상의 돈, 자동차, 직장, 안락은 우리에게 아무것도 보장해 주지 않는다. 언젠가(오늘이 될 수도 있다) 그것들은 다 사라진다. 그래서 우리는 영원히 지속되는 것을 위해 오늘을 살아야 함을 늘 기억해야 한다.

우리 자신을 위해서 달려야 하고, 나아가 남들을 위해서 달려야 한다. 카말을 위해, 시잔과 아미르를 위해, 어제 또다시 성 노예로 팔려 나간 소녀들과 오늘 또다시 장작더미 위에서 불타는 시체들을 위해, 당신과 나처럼 이 세상 어디에서도 찾을 수 없는 소망을 절실히 필요로 하는 사람들을 위해.

그들을 위해서만 그리해야 하는 것이 아니다. 궁극적으로는 그분을 위해서다. 죄에서 구원하고 가장 깊은 상처를 치유하고 영생을 주실 수 있는 유일한 분으로 온 세상에 알려져야 할 예수 그리스도의 영광을 위해서다. 히브리서 12장 2절 말씀대로 오로지 예수님께만 시선을 고정하고 그분을 따라가라. 예수님을 위해 머리로 늘 복음의 현실을 생각하고 마음에 복음의 열정을 품고 매일을 복음의 절박감으로 살아가라.

모든 민족들이
주를 찬송하게 하소서

당신이 이런 도전들을 받아들인다면 한 가지만은 보장할 수 있다. 절박한 세상에서 예수님의 사랑을 전하는 일에 삶을 바칠수록 살면서 예수님의 기쁨을 더 많이 경험할 것이다. 상처로 신음하는 사람들에게 소망을 전해 주고 소외된 자들에게 가족이 되어 주고 포로 된 자들에게 자유를 선포하고 영원한 죽음을 향해 가는 자들에게 영생에 관해 알려주는 삶보다 더 보람 있는 삶은 없다고 분명히 단언한다.

우리가 공항으로 떠나기 전 아시아에서의 그 마지막 아침으로 돌아가 보자. 애런이 내게 지통을 줬던 것이 기억나는가? 그 안에 담긴 건 그림이었다.

지통을 열어 그림을 펼치자마자 어디서 온 것인지 단번에 알 수 있었다. 오두막 식당에서 구출되어 트레킹 코스 종점 부근 쉼터에서 생활하는 소녀들이 우리가 방문했을 때 막 완성했던 그 그림이었다. 그 그림을 자랑스럽게 바라보며 깔깔거리던 소녀들의 얼굴이 생각난다. 다음 구절이 아름답게 묘사한 세상이 바로 이런 모습이리라.

하나님이여 민족들이 주를 찬송하게 하시며 모든 민족들이 주를 찬송하게 하소서(시 67:3).

지금 나는 우리 집 방에 걸린 이 그림을 바라보고 있다. 이 그림을 볼 때마다 이 소녀들이 한때 겪었던 아픔과 지금 누리는 기쁨이 떠오른다. 나아가 그 그림은 나와 내 가족, 우리 교회가 아직 고통 속에서 신음하는 자들을 위해 내가 눈물을 흘리고 그들에게 하나님의 사랑을 전해 주기 위해 최선을 다해야 함을 늘 다시금 일깨워 준다.

간단한 질문 하나로 이 책을 마치고 싶다. '영적으로 육

체적으로 절박한 세상을 예수 그리스도의 소망으로 변화시키기 위해 당신의 삶에서 무엇이 변해야 할까?'

이 질문을 고민하고 그 답에 따라 행동하라.

감사의 말

이 책은 수많은 사람들을 통해 수많은 모양으로 내게 찾아온 하나님 은혜의 결실이다.

어느 날 애틀랜타 공항에서 이루어진 실리(Sealy), 커티스(Curtis), 크리스, 루카스(Lukas)와의 만남에 하나님께 감사한다. 그 만남은 거의 3년 뒤 이 책의 탄생으로 이어졌다. 이 형제들의 지혜로운 조언과 끊임없는 지원, 개인적인 격려에 감사한다.

티나(Tina)를 비롯한 멀트노마(Multnomah) 팀 전체에 하나님께 감사한다. 특히 브루스(Bruce)와 데이브(Dave)에게 감사한다. 이들은 끝까지 나를 참아 주고 내게 꼭 필요하지만 받을 자격은 없는 도움을 주었다. 이 출간 프로젝트를 더없이 은혜롭게 진행해 주었을 뿐 아니라 무엇보다도 나를 굳게 믿어 준 이들에게 감사한다.

이 트레킹을 나와 함께해 준 친구들, 특히 이 책을 완성하는 데 막대한 도움을 준 팀(Tim)과의 만남을 허락하신 하나님께 감사한다. 긴긴 날들, 추운 밤들, 도전을 던지는 대화들, 고산병, 부러진 뼈, 욱신거리는 무릎, 따끔거리는 쐐기풀, 빙하 사태, 지겹도록 먹은 달밧, 좀처럼 잡히지 않는 너구리판다…… 그 모든 것이 너무도 그립다.

내가 4년 동안 섬겨 온 IMB의 형제자매들을 만나게 하신 하나님께 감사한다. 지위나 자리와 상관없이 함께 복음 전파에 협력하는 이들을 생각할 때마다 하나님께 감사하고 이들을 위해 기도하게 된다.

내가 맥린바이블교회에서 목회하는 건 정말로 과분한 은혜와 특권이다. 우리 교인들과의 만남을 하나님께 감사한다. 이들과 함께 우리가 있는 워싱턴 DC 광역권에서 시작하여 열방에 하나님의 영광을 드러내기 위해 하나님이 맡겨 주신 보화를 잘 관리하는 선한 청지기가 되기를 원한다.

크리스와 재키(Jackie)를 비롯한 모든 래디컬 팀원들을 만나게 하심에 하나님께 감사한다. 그리스도의 사명을 완수하기 위해 교회들을 섬기는 일에서 이들과 함께할 수 있는 건 말할 수 없이 큰 복이다. 우리 앞에 놓인 기회들을 생각하면 주체할 수 없는 기대감이 밀려온다.

내게 허락하신 가족에 하나님께 감사한다. 책을 쓰는 건 힘든 일이지만 이 책의 첫머리에서 소개한 편지를 쓰는 건 훨씬 더 힘든 일이었다. 내 가족은 내게 말로 표현할 수 없을 만큼 소중하다. 아내 헤더(Heather)와 케일럽, 조슈아, 매러, 아이제이어의 사랑에 감사한다. 하나님의 자녀가 된 것 다음으로 내 삶에서 드리운 영광은 이들의 남편이요 아버지가 된 것이다.

무엇보다도 복음을 주신 하나님께 감사하다. 수많은 사람이 복음을 모른 채 이 책에서 소개한 길 위에서 고통을 받고 있는데 내가 복음에 관한 글을 쓸 수 있다는 건 도무지 설명할 수 없는 은혜다. 그들의 얼굴이 계속해서 내 눈앞에서 어른거린다. 내게 은혜를 주신 하나님이 어떻게든 그들을 위해, 그리고 그분의 영광을 위해 결실을 맺어 주시길 간절히 기도한다.

그는 흥하여야 하겠고 나는 쇠하여야 하리라(요 3:30).

주

1. https://radical.net

2. "Yemen: Cholera Response," Emergency Operations Center, Situation Report No. 5, September 24, 2017, www.emro.who.int/images/stories/yemen/the_emergency_operatios_center_sitrep-5-English.pdf?ua=1.

3. John Stott, *Basic Christianity*(Downers Grove, IL : InterVarsity, 2008), 144-145. 존 스토트, 《기독교의 기본 진리》(생명의말씀사 역간).

4. John Bunyan, *Grace Abounding to the Chief of Sinners* (Welwyn Garden City, UK: Evangelical Press, 1978), 123.

5. 이 주제에 관해 자세히 알고 싶다면 "12 Traits: Embracing God's Design for the Church," https://radical.net/book/12-traits-embracing-gods-design-for-the-church를 보라.

6. S. E. Dwight, *The Life of President Edwards* (New York: G. & C. & H. Carvill, 1830), 68, www.google.it.ao/books?id=kDxTqrWsOq4C&pg=PA70&focus=viewport&dq=editions:ISBN0803974612&lr=&as_brr=0&output=html_text.